W0335800

Oldenbourg Interpretation
Band 21

Oldenbourg Interpretationen
Herausgegeben von
Klaus-Michael Bogdal und Clemens Kammler

begründet von
Rupert Hirschenauer (†) und Albrecht Weber

Band 21

Gotthold Ephraim Lessing

Emilia Galotti

Interpretation von Klaus Göbel

Oldenbourg

Ausgaben:
G. E. Lessing: Emilia Galotti. Reclams UB 45.
G. E. Lessing: Emilia Galotti. Erläuterungen und Dokumente. Hrsg. v. J.-D. Müller. Reclams UB 8111.
G. E. Lessing: Emilia Galotti. Oldenbourg Textausgaben, München: Oldenbourg Schulbuchverlag 2009

Zitate sind halbfett gekennzeichnet.

Das Papier ist aus chlorfrei gebleichtem Zellstoff hergestellt, ist säurefrei und recyclingfähig.

Bei den Zitaten, Literaturangaben und Materialien im Anhang ist die neue Rechtschreibung noch nicht berücksichtigt.

3., überarbeitete und korrigierte Auflage in der neuen Rechtschreibung, 1996
Unveränderter Nachdruck 13 12 11 10 09
Die letzte Zahl bezeichnet das Jahr des Drucks.

Umschlagkonzept: Mendell & Oberer, München
Umschlag: Stefanie Bruttel
Umschlagbild: © IFA-Bilderteam, Ottobrunn/München; Fotografin: Birgit Koch
Typografisches Gesamtkonzept: Gorbach GmbH, Buchendorf
Lektorat: Ruth Bornefeld
Herstellung: Verlagsservice Dr. Helmut Neuberger & Karl Schaumann GmbH, Heimstetten
Satz: jürgen ullrich typosatz, Nördlingen
Druck und Bindung: Himmer AG, Augsburg

ISBN: 978-3-637-88624-7

Inhalt

Vorbemerkungen

Für die eine Gruppe der Deutschlehrer/innen ist das Drama geradezu idealtypisches Paradigma für die klassische Struktur des deutschen Dramas (insbesondere in Verbindung mit der *Hamburgischen Dramaturgie*) oder für die Typologie des bürgerlichen Trauerspiels (dessen Geschichte es mitbegründet) oder für eine Unterrichtsreihe zum deutschen sozialen Drama (etwa von Lessing bis Kroetz) oder in dramentheoretischen Unterrichtsschwerpunkten das Musterstück für die ›geschlossene Form‹. Andere Lehrer meiden das Stück eher und bevorzugen Schillers *Kabale und Liebe*, weil verwandte Fragestellungen und Konstellationen hier offensichtlicher, möglicherweise auch *moderner* sichtbar würden und somit den Unterricht erleichterten.

Richtig ist bei allem Für und Wider, dass die Irritation, der beständige, fast dialektisch zu sehende Zweifel an allen Erkenntnissen wichtige Faktoren bei der Annäherung an Lessings Drama bilden – und zwar ausgehend vom Stück selbst wie von den extrem widersprüchlichen Vorgaben aus der Rezeptionsgeschichte. In Konsequenz sollen *Emilia Galotti* und die Rezeptionsgeschichte über die Jahrhunderte einen bevorzugten Rang in dieser Untersuchung einnehmen.

Verständnisschwierigkeiten und Verstehenszweifel – also die der ständigen Korrektur bedürftige Annäherung an das Stück auf Konflikt- und auf Sprachebene – scheinen die deutschen Theater der Gegenwart eher in besonderem Maße zu faszinieren. Nicht nur, dass *Emilia Galotti* in den schillernd wechselhaften Spielplänen eine geradezu stringente Konstante im Aufführungsangebot über die Jahre darstellt, vielmehr fällt die extreme Unterschiedlichkeit der Theaterproduktionen und damit der szenischen Interpretationen namhafter Regisseure und Ensembles auf. Der Theaterhistoriker kann ergänzen, dass dieses zu Lessings Lebzeiten nicht anders war. Wie sehr unterschieden sich die Braunschweiger Uraufführung und die Wiener Erstaufführung, die Lessing so sehr verärgerte, weil am Ende zu viel Blut floss! Wie fassungslos stand das Kölner Publikum unserer Achtzigerjahre vor der Tatsache, dass in Dimiter Gotscheffs Inszenierung ein extrem vergrößerter gynäkologischer Untersuchungsstuhl das Zentrum der Bühne darstellte. Wie provoziert erlebten die Düsseldorfer Zuschauer 1991 Werner Schroeters Produktion, die das Stück in einer Stunde und gut dreißig Minuten bei nur geringen Textstreichungen durchhastete. Die fast pathologische

Nervosität und die in der atemlosen Sprachflut unterdrückte Fähigkeit zur Besonnenheit bei den dramatis personae führten hier schon rein sinnlich erfahrbar in die Ausweglosigkeit des tragischen Endes.

Theater und Schule haben viel Gemeinsames. Beide müssen z. B. ihre Auswahl von Texten gegenwartsbezogen rechtfertigen. *Klassikerleichen* haben weder im Spielplan noch im Curriculum ihren Platz. Beide müssen für ihre ausgewählten Texte werben, d. h. Interesse wecken und Verstehenshilfe leisten. Sie tun dieses, indem sie die gegebenenfalls historische Ferne der Stücke an Aktualitäten und Fragestellungen von heute binden und so Rezipienten – Theaterpublikum wie Schüler – motivieren, interessieren und kritisch engagierte Auseinandersetzung fördern. Gelingt dieses, steht der Text, in unserem Falle das *alte,* historisch ferne Drama *Emilia Galotti,* nicht im Pflichtprogramm eines bildungsbürgerlichen Theaters oder einer literarhistorisch verpflichteten Didaktik, sondern in einem aktuellen literarischen Leben. So hätten Schule und Theater – auf ihre je eigene Weise und doch erstaunlich deckungsgleich in Strategien und Zielen – ihre Aufgabe erfüllt.

Jedenfalls ermutigt die höchst lebendige, vielfältig kontrovers-kreative Auseinandersetzung um *Emilia Galotti* auf den deutschen Bühnen der Gegenwart auch für die Behandlung des Stückes im Literaturunterricht. Das oben erwähnte irritierend Schwierige in den Charaktergestaltungen, den Gut-Böse-Dimensionen, den Standesgegensätzlichkeiten, der moralischen Wertung, den problematischen Tragik-Kategorien usw. wäre so kein Grund für Skepsis, sondern motivierender Anlass für immer neue Entdeckungen in immer neu akzentuierten Unterrichtskonzeptionen mit lebendigen, mit Sicherheit häufig kontrovers geführten Unterrichtsgesprächen.

Wir nähern uns dem Drama durch verschiedene Schichten, die es in seiner über 200-jährigen Geschichte umlagert haben und die der Freilegung bedürfen. Die Schichten und ihre Freilegung strukturieren die folgenden Arbeitseinheiten zwecks schrittweiser Erkenntnis- und Informationserweiterung – für die Schüler gewiss in der Begrenzung auf unumgängliche Einzelthemen (s. Kap. Unterrichtshilfen), für den Lehrer in der Absicht eines umfassenderen Aufrisses. Auf das Materialienheft aus der Reclam-Bibliothek ist besonders zu verweisen. Es dient als Grundlage für die Schülerarbeit. Die von uns erstellte Quellensammlung sowie das erweiterte Informatorium bieten dazu Ergänzung, historische Perspektiverweiterung und analytisch-kritische Kommentare zur Verstehensproblematik. Vornehmlich der literaturpädagogische Gesichtspunkt einer Schulgeschichte der *Emilia Galotti* und – an der Gegenwart gespiegelt – die fragwürdige Aufnahme des klassischen Dramas durch die Fachdidaktik sind dabei leitend. Die Ergebnisse mit allen ihren Widersprüchen geben uns Anlass für einen Interpretationsversuch nach bislang zu wenig beachteten Maßstäben. Auch er hat, wie die eingearbeitete Informationssammlung, zweierlei zum Ziel: dem Lehrer eine interpretatorische Gesamtkonzeption vorzustellen als auch mit akzentverlagerten Einzelthesen das Drama aus der historischen Ferne an die Gegenwart zu binden und dadurch Schüler zur Arbeit am Drama der Tradition zu motivieren – sei es in Annahme oder im Widerspruch zum Text und/oder der hier entfalteten Textanalyse.

Die Perspektiven sind daher so angelegt, dass sie sowohl im Miteinander nach dem Prinzip sich erweiternder Kreise verstanden werden können als auch im einzelnen Schwerpunkt bei relativer Selbstständigkeit der gewählten Thematik. Eine Rechtfertigung für die Zweckmäßigkeit/Notwendigkeit der entfalteten Perspektiven auf der Spur zu dem fern liegenden Stück *Emilia Galotti* wird jeweils am Anfang versucht.

Die Subjektivität mancher Wertungen im Kontext der Darstellung soll den Leser zur Kritik ermutigen, sodass er vielleicht die vorgeschlagene Richtung verlässt und einen eigenen Weg findet. Eines jedoch steht fest, es gibt keinen Zugang zu Lessings Drama im Unterricht, wenn sich Literaturwissenschaft und Fachdidaktik gegenseitig im Wege stehen.

Am Ende sollten die Schüler entscheiden, ob sie das Drama aufnehmen in das literarische Leben, das sie mitgestalten und mitverantworten. Ihre Entscheidung sollte frei sein, weder abgeleitet noch methodisch einseitig fixiert. Dazu müssen sie den Mut aufbringen forschend zu lernen, denn es gibt neben *Emilia Galotti* nur wenige Werke der deutschen Literatur, die so viele Fragen aufwerfen und für die Lessing-Forschung von Generation zu Generation neu zum Problem geworden sind. Die *Emilia-Galotti*-Diskussion auf allen Ebenen ist noch bei weitem nicht zu einem verlässlichen Abschluss gekommen, dessen Ergebnisse man ohne neue Fragen übernehmen könnte. Dieses vor Schülern zu verbergen wäre der erste Fehler einer beginnenden Unterrichtseinheit zu Lessings Trauerspiel.

Auch hier zeigen die Theater der Gegenwart einen verlässlichen Weg: Nicht umfassend gültige Musterinszenierungen anzustreben, sondern im theatralischen Experiment, kontrovers, provokativ und kreativ, Fragestellungen und innovative Verstehensaspekte zu entdecken, die im Schematismus des umfassenden Musters wohl für immer verborgen blieben.

1 Das klassische Drama im Unterricht

1.1 Drama – Theater – Schule

Ob denn LESSINGS *NATHAN DER WEISE* **ein toter Klassiker** sei, eine solche Frage – auch in der Reihe der *INTERPRETATIONEN* gestellt[1] – teilt das Werk mit vielen anderen der Tradition. Zumindest Beklommenheit angesichts einer so oder so möglichen Beantwortung sollte der Didaktiker in sich verspüren und ein wenig Hoffnung dazu beitragen zu können, die Frage zu verneinen. Wie immer Anteil und Funktion des Literaturunterrichts im Rahmen schulischer Erziehung überhaupt zu bestimmen sind – die Frage nach der Bedeutung von Literatur im Ganzen für Jugendliche offen zu halten, Literatur auch in ihrer historischen Dimension in des Wortes erster Bedeutung *fragwürdig* zu erhalten ist eine unabweisbare fachliche wie auch politische Aufgabe des Deutschlehrers. Die Geschichte des Faches lehrt der Endgültigkeit von Befunden an und über Literatur mit grundsätzlichem Misstrauen zu begegnen, soll die Schule nicht dem Verdacht der verborgenen Zensurinstanz im Namen von Pädagogik und Fachdidaktik anheim fallen. Wie in den Vorbemerkungen erwähnt, nimmt das Theater vergleichbare Aufgaben wahr und hat dabei weitaus weniger Schwierigkeiten als die Dramendidaktik. Aus der Sicht des Theaters ließe sich die Frage nach dem vermeintlich **toten Klassiker** *NATHAN* leicht beantworten: Aufführungen in Bochum, Hamburg und Wien, besonders H. Heymes Stuttgarter Inszenierung von 1982, Claus Peymanns Wiener Burgtheater-Produktion (1986/87) und die Bonner Inszenierung (D. Hilsdorf, 1995) zeigen Erstaunliches: Bühnenkonzeptionen, die beim Zuschauer Engagement provozieren, aktuelle Kommunikation zwischen der historischen Ferne des Stückes und den Zuschauern von heute, in die Gegenwart hineinwirkende, also ganz und gar lebendige Geschichte.[2] Die Frage nach der **Klassikerleiche** (s. Kap. 2.7) stellt sich hier erst gar nicht, so manches Drama aus unserer Zeit ist schon heute auf der Bühne von einer Wirkungslosigkeit, die die Stücke der Klassik zu keiner Zeit hatten.

Auch für unser Thema mögen konkrete Angaben die eingangs postulierte These stützen: *EMILIA GALOTTI* stand 1981 in der Reihe der meistgespielten Stücke auf den Bühnen der Bundesrepublik an dritter Stelle. Von 1947–75 erreichte das Stück in 108 Inszenierungen knapp 2000 Aufführungen (an Aufführungen ebenso viel wie HAUPTMANNS *DIE RATTEN*, wie BRECHTS *MUTTER COURAGE* und *DREIGROSCHENOPER*, wie

Schillers *Wilhelm Tell* und Shakespeares *Viel Lärm um nichts*). In der Spielzeit 1976/77 sahen fast 20 000 Zuschauer in 51 Aufführungen *Emilia Galotti* (etwa ebenso viele entschieden sich für einen Theaterabend mit Brechts *Mann ist Mann*, Dürrenmatts *Romulus der Grosse* oder Wedekinds *Frühlings Erwachen*). Bei wechselnden Vorlieben für die drei *großen* Lessing-Dramen bleibt die Zahl der Inszenierungen in den Jahren danach relativ konstant. In der Spielzeit 1994/95 gibt es 26 Premieren, davon vier zu *Emilia Galotti*, drei Neuinszenierungen 1995/96.[3]

Emilia Galotti vermag es also trotz aller Bedenken angesichts Statistik und Zahlenspielen bis heute, Zuschauer anzusprechen und in die Diskussion über seine dramatisch-ästhetische Konzeption einzubeziehen, soweit es Theaterleuten gelingt, neugierig zu machen auf das historisch Ferne und seine Sinnbezüge, in denen auch etwas greifbar wird, was uns heute von Bedeutung ist. Das theatralisch leitende Prinzip besteht dabei in den meisten Fällen darin, sich nicht abzufinden mit der Fraglosigkeit einer antiquarischen Sicht und entsprechender Bühnenreproduktion, sondern gerade im Fraglosen eine Provokation zur Fragwürdigkeit zu verspüren und diese in theatralischer Versinnlichung zu aktivieren. Das Ungenügen am Antiquarischen wird so in der kritisch-kreativen Konfrontation für Theatermacher wie Zuschauer zur Lust am Experiment. Das Maß an Verantwortung gegenüber dem überlieferten Text mit seinen Rahmenbedingungen wird dann darüber entscheiden, ob das Experiment im weitesten Sinne zweckmäßig ist oder bloßer Selbstzweck. Eine didaktische Intention, die – freilich behutsam – auf solchem Wege folgt, muss vor allem darum bemüht sein ihren Gegenstand, den Text, freizulegen von den erdrückenden Schichten fest gefügter Lehrmeinungen und von apodiktischen literaturpädagogischen Grundsätzen und Lernzielen der Tradition.[4] Dieses heißt für *Emilia Galotti* in zugespitzter Formulierung: Die fachdidaktische Fraglosigkeit des Musterdramas für die klassische Dramaturgie und Dramentheorie wird ebenso kritisch bedacht wie die traditionelle literaturpädagogische Held-Antiheld/Schurken-Disposition im klassischen Drama mit ihren moralpädagogischen Konsequenzen. Fragwürdigkeiten jedenfalls gibt es in *Emilia Galotti* und ihrer Rezeptionsgeschichte, in Kritik, Literaturwissenschaft und Deutschdidaktik genug.[5] Sie erwirken zumindest eines: Sie machen jenseits der Sterilität einer curricularen Pflichterfüllung neugierig auf das Stück, sie geben Sinn und Anlass sich auf *Emilia Galotti* unvoreingenommener einzustellen.

1.2 Die Klassikbarriere

Das Schicksal der motivationserstickenden Kanonisierung der Lesestoffe im Deutschunterricht von der Preußischen Oberschule bis zu den Lehrplänen der Sechzigerjahre teilen viele Werke der klassischen Literatur. Neben SCHILLERS Dramen und LESSINGS *NATHAN* (zu dem eine eigene Geschichte zu schreiben ist, s. Anm. 1) ist es die Trias *EMILIA GALOTTI – FAUST – IPHIGENIE*, die über ein knappes Jahrhundert Hauptinhalte literarischer Bildung und Lebenshilfe in schulischen Erziehungskonzeptionen übernahm. Was man je darunter verstand, war freilich höchst unterschiedlich und die Akzente in dem didaktisch konstruierten triadischen Modell *EMILIA GALOTTI – FAUST – IPHIGENIE* wurden auch über die Zeiten unterschiedlich gesetzt, doch wie ein roter Faden blieb dieses erhalten: das effektive Zusammenwirken von Deutschtum, Humanität, Standhaftigkeit und ästhetischer Formstrenge im Sinne literarischer Vorbild- und Musterpädagogik. Das führte 1932 zum Aufstand der Berliner Schüler (s. u.) und heute zu der vielfach beklagten Leserrollenschizophrenie, wo Jugendliche morgens im Schonraum der Schule lesen und analysieren, was sie nachmittags an sich und ihrer Umwelt nicht wiedererkennen. Die Folge ist die Trennung von Schulpflichtlektüre unter den Bedingungen institutionalisierter Fremdbestimmung und bedürfnisadäquater Freizeitlektüre im Verhältnis gegenseitiger Diffamierung. Erschwerend kommt der TV-Konsum hinzu, wo das literarisch anspruchsvolle Fernsehspiel immer mehr von den soap operas verdrängt wird und so zunächst durchaus dramenähnliche Kompositionen zur bloßen Konsumware verkommen. Die Anstrengungen dieses Verhängnis aufzuhalten sind zurzeit vielfältig und verantwortungsbewusster als in den frühen Siebzigerjahren, wo unter methodischen und ideologischen Gesichtspunkten mancherorts die große Abrechnung mit den Klassikern beschworen wurde. Das Drama stand immer im Brennpunkt der literaturdidaktischen Diskussion und vielfach zu sorglos und ohne Rechtfertigung auf der Sachebene im Ganzen machten sich die Kritiker einen Gewährsmann zu eigen: BERTOLT BRECHT.

Ein Begriff machte Schulgeschichte: das epische Drama, mehr und mehr Kampfbegriff zur Denunzierung des klassischen (aristotelischen) Formtyps. *EMILIA GALOTTI* wurde wieder aktuell, LESSINGS ARISTOTELES-Interpretation und die *HAMBURGISCHE DRAMATURGIE* – nun freilich im Sinne einer Diffamierungsprogrammatik unter dem pädagogischen Vorzeichen des Emanzipatorischen und Kommunikativen.

Was hier in den Siebzigerjahren einen fragwürdigen Höhepunkt erreichte, beginnt sachlicher, aber durchaus kontrovers vor gut 200 Jahren. Wir werden der Geschichte der *Emilia Galotti* folgen, weil die wechselvollen Perspektiven und Fragen dem Drama gegenüber zeigen, wie vielfältig die Diskussion war – und vor allem wie unabgeschlossen sie bis heute ist. Fragen stellen lernen ist wichtiger als Ergebnisse von Generation zu Generation zu tradieren. Die Lessing-Forschung im engeren Sinne hat dieses immer so verstanden. Besonders Wirkungsgeschichte als **Wissenschaft vom Leben der Literatur**[6] zeigt neben den Signalen aus der farbigen Theaterszene den Unsinn einer vorgeblichen Klassikbarriere in Teilen der Literaturdidaktik. Zunächst aber ist die Spur zu ziehen, die zu den Ursachen des problematischen Verhältnisses Drama – Schule führt.

1.3 Zum Begriff ›Drama‹

Was hat das Drama nur an sich, dass sich die Schule so schwer damit tut?[7] Die Frage traf in erster Linie für das klassische Drama im Unterricht zu. Lag der Grund eher im Methodischen, eher im Curricularen (z. B. im Problem des ersten Dramas, dem *Tell*-Problem der Literaturdidaktik) oder eher im ideologischen Bereich? Viele Antworten wurden in den Siebzigerjahren versucht. Eine zusammenfassend aufklärende gibt es bis heute nicht. Auch die Lehrpläne der Bundesländer zeigen kein einheitliches Bild, zu unterschiedlich sind die Prämissen, zu verschieden die Ziele, zwischen denen das Drama des 18. und 19. Jhs. seinen Platz behauptet bzw. zu verlieren scheint. Unseren bisherigen Indizien wären weitere hinzuzufügen, so z. B. das inzwischen grundsätzliche Problem der sogenannten literarischen *Großformen* im Deutschunterricht[8], die seit der Lesebuchkritik der Nachkriegszeit fortbestehende Forderung nach einem hohen Anteil aktueller Gegenwartsliteratur im Unterricht[9], das die Klassendiskussion erschwerende Weltbild des großen Bühnenstücks in seinen Handlungs-, Konflikt- und Heldenstrukturen sowie seinen sprachlichen Formen – kurz: die unüberwindlich scheinenden Schwierigkeiten bei den vom Drama ausgehenden hohen Ansprüchen und den illusionistisch-agonalen Prinzipien klassischer Dramaturgie im Übertrag auf eine notwendig kritische, distanzierte wie funktionelle Betrachtungsweise in der Deutschstunde.[10]

Von entscheidender Bedeutung bei solchen Problemaufrissen und möglichen Lösungen ist die Frage der Definition von Drama, vom Dramatischen als kennzeichnender Charakteristik entsprechender Texte und deren spezifischer Rezeption. Längst hat die Literaturwissenschaft Konzeptionen normativer Gattungspoetik überwunden, Formtypologien werden historisch entfaltet und im soziologischen Kontext relativiert. Sowohl der systematische Theoriebegriff wie der pragmatische

Technikbegriff vom Drama stehen außerhalb der Diskussion. Statt Gesetz und historischer Gesetzmäßigkeit (etwa in der Konsequenz der europäischen ARISTOTELES-Interpretation) im Drama wird heute angesichts vielfältiger Dramenformen – die es freilich immer schon so oder anders gab – dessen erstaunliche Wandlungsfähigkeit gemäß ästhetischer, d. h. auch zeitbedingter Faktoren besonders beachtet und erforscht. Das Drama als literarische Spielform eigener Art – oder mit einem präzisen, gegenwärtigen Ausdruck: *als kommunikatives Handlungsspiel*[11] – überdauert und übertrifft seine es begleitenden Theorien. *EMILIA GALOTTI* unmittelbar und ohne Zögern aus der *HAMBURGISCHEN DRAMATURGIE* ableiten zu wollen, gar als deren direkte Versinnlichung auf der Bühne, ist aus solcher Sicht nicht zulässig und widerspricht im Übrigen LESSINGS Absichten und den Bedingungen seiner Arbeit zur Zeit der Entstehung. Weder ist *EMILIA GALOTTI* das gerade literarischer Erziehung willkommene Anschauungsobjekt im Besonderen, um darin und darüber hinaus das Allgemeine, die eigentlich intendierte Lernsubstanz erkennen zu können, noch führt der Weg von der Dramentheorie LESSINGS unmittelbar zu *EMILIA GALOTTI* als Beweis für die Praktikabilität eben jener Theorie. Die Verhältnisse sind schwieriger und werden insbesondere durch LESSINGS Einsichten und Konsequenzen zwischen dem Scheitern des Hamburger Experiments *Nationaltheater*, mit dessen Idee die *DRAMATURGIE* wesentlich verbunden war, und dem sich unter völlig veränderten Bedingungen vollziehenden Neubeginn in Diensten des Herzogtums Braunschweig bestimmt. Gerade aber unter solchen fast gegensätzlichen Voraussetzungen entstehen die *HAMBURGISCHE DRAMATURGIE* einerseits und *EMILIA GALOTTI* andererseits.

Dennoch zieht sich *EMILIA GALOTTI* wie ein roter Faden durch die Literaturgeschichte – insbesondere in deren schulgeschichtlichem Teil – und ist zu allen Zeiten unter Theoriezwang gesehen und interpretiert worden.[12] Mit GUSTAV FREYTAGS *TECHNIK DES DRAMAS* kam ein starrer Strukturformalismus hinzu, der die Interpretation nochmals erheblich einengte. Aufbauschemata, Handlungspyramide und Konfliktkurven werden nicht am Einzelwerk gewonnen, sondern als formale Grundkriterien immer vorausgesetzt. In ihnen zeigen sich zugleich Maßstäbe zur Wertung vollkommener und insofern musterhafter Kunstwerke in ahistorischer Betrachtungsweise eines solcherart konzipierten Literaturunterrichts. Eine Trennung, die sich viel früher andeutete, war nun vollzogen: *EMILIA GALOTTI*, auf der einen Seite das überzeitlich-sterile Musterdrama in Schule und Proseminaren, auf der anderen Seite als aktuelles Theaterstück ein wichtiger Faktor sich verändernder, d. h. lebendiger Theaterlandschaften.

1.4 ›Geschlossenheit‹: Vom Formkriterium zum Wertungsbegriff

Die Problematik konzentriert sich in einem einzigen Begriff. Es ist das Kriterium *Geschlossenheit* als Kennzeichen einer ästhetisch musterhaften Ganzheit von überzeitlichem Rang. In der teils unbedachten, teils zielstrebigen Verwertung (mit Absicht wird eine technisch-konsumtive Vokabel gewählt) des literarhistorisch genau fixierten Begriffes für ganz andere Ziele liegt am Ende die entscheidende Denunziation des Dramas der Tradition. In einem rigorosen Bedeutungswandel in kürzester Zeit wird aus *Geschlossenheit* als Kriterium künstlerischer Ganzheit des Werkes nach Form, Inhalt, Gehalt, Sprache, Kommunikationsstruktur eine Diskrepanz zwischen Werk und Leser konstruiert. Die Dominanz des künstlerisch vollkommenen Werkes erlaubt scheinbar nur eine rühmend huldigende Betrachtungsweise – also jegliche Interaktion verhindernde Passivität der Rezipienten. Geschlossenheit wird im Kurzschluss ideologischen Denkens als Verschlossenheit verstanden. Texte der geschlossenen Form verhindern das Denken/Mitdenken zu Gunsten des anbetenden Gefühls angesichts autoritärer Werkvollkommenheit. Folgerichtig sind solche Texte, insbesondere solche Dramen, ungeeignet für schulisches Lernen.[13] Mehr noch, ihr Autoritätscharakter ist für Lernen in einer demokratischen Schule mit den Zielen von Selbstbestimmung und Veränderung kontraproduktiv.

Folgerichtig suchte man in der Didaktik nach einem (literarischen) Gegenprogramm. Man fand es in dem dramatischen Gegenpostulat *offen* – d. h. Öffnung des Dramas für den Leser/Zuschauer zur freien, in den Schlussfolgerungen selbst bestimmten Auseinandersetzung mit seiner Aussage durch Einsatz des Verstandes. In diesem didaktisch hergeleiteten Sinne bevorzugte die Dramendidaktik der Siebzigerjahre fast ausschließlich die offenen Formen dramatischer Texte. Was für die geschlossenen, klassischen Dramen blieb, war wohlbegründete Nachdenklichkeit, mehr noch Skepsis, häufig auch Diffamierung.[14] Wie kam es dazu?

Die alte systematische Frage nach den *Typen des Dramas* (z. B. noch bei Paul Kluckhohn, 1941) führt unter Zuhilfenahme kunstgeschichtlicher Stilbegriffe von Wölfflin zum Begriffspaar *offen – geschlossen* bzw. *tektonisch – atektonisch* bei Oskar Walzel. In den Fünfzigerjahren aufgegriffen gewannen diese Gegenüberstellungen in Volker Klotz' weithin bekannter Abhandlung *Geschlossene und offene Form im Drama*[15] jene Bedeutung, die im Übertrag auf die Didaktik zum Wertungsautomatismus führte, der in der Geschichte des Begriffspaars *offen – geschlossen* nie beabsichtigt war. Darin sind – wiederum gegen die Intentionen ihrer Autoren – vorwiegend die zwei folgenden Positionen verflochten:

a) Peter Szondis *Theorie des modernen Dramas* von 1956, vielfach missverstanden und mit seiner rigorosen Wesensbestimmung des Dramas verkürzt in den literaturdidaktischen Kontext übernommen. Besonders folgende Aussage über den klassischen Formtyp *Drama* widerspricht Grundprinzipien literarischer Erziehung: **Das Verhältnis Zuschauer – Drama kennt nur vollkommene Trennung und vollkommene Identität, nicht aber Eindringen des Zuschauers ins Drama oder Angesprochenwerden des Zuschauers durch das Drama**[16]. Der Zuschauer ist in solcher Sichtweise am Geschehen beteiligt durch eine **irrationale Aktivität,** die mit einem Kernbegriff der Lessing-Zeit **Illusion** genannt wird und die spezifische Wirkung des Dramas allererst ermöglicht. Doch je mehr der Illusionsbegriff absolut gesetzt wird, desto mehr entzieht sich ein so bestimmtes Drama der Schule und ihren Aufgaben. Für Lernprozesse und -ziele kann eine solche Bestimmung nicht leitend sein. Sie ist allerdings, wie zu zeigen sein wird, für Lessing und seine Zeit in solcher Absolutheit auch nicht anzunehmen. Gerade *Emilia Galotti* zeigt an wichtigen Punkten der dramatischen Entwicklung illusionsbrechende Gegenkräfte, die den Zuschauer/Leser in die Distanz zwingen. So ist es nicht überzeugend, das klassische Drama mit den Argumenten Szondis in unzulässiger Vermischung von Poetik und Didaxe der fachdidaktischen Kritik zu unterstellen.

b) Bert Brechts Theaterkonzeption wird in demselben Maße, wie das klassische Drama immer stärkerer Kritik anheim fällt, vakuumfüllend und mehr und mehr zur Grundlage dramendidaktischer Neuorientierung. Die Vielschichtigkeit der Dramaturgie und Theaterarbeit Brechts sowie seiner *Schriften zum Theater* werden vorschnell – so beweist es die Brecht-Forschung der Gegenwart[17] – zu einer antiklassischen dramentheoretischen Gegenposition zusammengefasst und besonders von der Schule wegen ihrer pädagogischen und fachdidaktischen Praktikabilität als hochwillkommen aufgenommen. Die so erkannte Wirkungspoetik Brechts scheint nicht nur aktuellere, adressatenbezogenere Unterrichtsarbeit zu garantieren, sondern sie liefert auch neu entstehenden Richtlinien für den Deutschunterricht die nahtlos passenden Stoffe und darüber hinaus noch Maßstäbe für den adäquaten methodischen Zugriff. Etwa ein Lehrstück Brechts für den Unterricht auszuwählen bedeutet demnach beides zugleich zugeliefert zu bekommen: richtlinienstimmige Literatur und den zugehörigen Unterrichtsentwurf durch ein Stück, das schon für sich als Unterrichtsprozess zu begreifen sei: Zu Beginn der Siebzigerjahre wird *episch* (mehr noch als *offen*) die emanzipatorische Gegenvokabel der Dramendidaktik zu *geschlossen*/Lessing/*aristotelisch*/*klassisch*. Das Klassikproblem der Schule erfährt seine bislang schärfste und zugleich auch rücksichtsloseste Ausprägung. Und wiederum konzentriert sich die Diskussion auf ein sinnfälliges Modell, das ihr die Argumente zu geben scheint: BRECHTS tabellarische Gegenüberstellung der **dramatischen und epischen Form des Theaters** im Anhang zu *MAHAGONNY* (*AUFSTIEG UND FALL DER STADT MAHAGONNY*, überarb. Fassung von 1938). Der Vergleich der *geschlossenen* und *offenen* Form des Dramas (= **idealtypische Stiltendenzen,** V. Klotz) erfährt hier seine scheinbar praktikable, aktueller Didaktik gemäße erzieherische Wertung. Diese fasst im Kern alles zusammen, was die Klassikfeindlichkeit der Siebzigerjahre ausmacht, in der die vielfältigen Differenzierungen des späten BRECHT zu einer spezifischeren Würdigung des Dramas der Tradition kaum Berücksichtigung fanden.

Dramatische Form des Theaters	**Epische Form des Theaters**
Handelnde Struktur	Erzählende Struktur
verwickelt den Zuschauer in die Aktion	macht den Zuschauer zum Betrachter
verbraucht dessen Aktivität	weckt dessen Aktivität
ermöglicht ihm Gefühle	erzwingt Entscheidungen
Suggestion	Argument
organisches Wachstum	Montage
Zwangsläufigkeit der Entwicklung	Sprünge
Der Mensch als Fixum	Der Mensch als Prozess
Das Denken bestimmt das Sein	Das Sein bestimmt das Denken
Gefühl	Ratio
Verzauberung	Veränderung
Der Schauspieler ist Held	Der Schauspieler spielt den Helden

Sofern man normativ (also im Gegensatz zu den Intentionen BRECHTS) denkt, bildet die linke Seite die (mögliche) Summe aller Vorbehalte mit Vorurteilstendenz auch gegen *EMILIA GALOTTI* in der Schule und kennzeichnet somit die Konsequenzen[18], welche zwangsläufig jede Unterrichtseinheit zum Drama der klassischen Tradition dann mitbeeinflussen, sei es ausgesprochen (etwa durch Schülerargumente bzw. in Literatur und Richtlinien) oder auch *nur* im Umfeld des Denkens und Handelns im Unterricht.

So kann es nicht falsch sein, in altersangemessener Form Schüler mit den Schwierigkeiten, auch den ungelösten Problemen des Faches und seinen Fehlentwicklungen, bekannt zu machen.[19] Die mehrdimensionale Kursdifferenzierung zwischen den Klassenstufen 9 bis 13 lädt geradezu dazu ein und für ein solches Vorhaben wäre BRECHT in der Tat ein Anwalt: Die didaktische Zielsetzung des **lernenden Lehrens**[20] und des dialektisch-mitbestimmenden Lernens in Konfrontation mit dem ungelösten Problem schafft nicht nur Chancenannäherung zwischen Partnern im Unterricht, sondern auch Motivation. Darüber hinaus wird es der Sache gerecht: Die Problematik des aristotelischen/geschlossenen/klassischen Dramas im Unterricht – hier gespiegelt in *EMILIA GALOTTI* – ist auch heute ungelöst. Schule und Didaktik haben alles getan – einseitig Stellung beziehend oder im fairen Disput – zumindest diese Frage offen zu halten. Ohne eine zumindest partielle Darlegung der Hintergründe im Unterrichtsgespräch bleibt ein großer Teil der Problematik des klassischen Dramas im Unterricht der Gegenwart unverständlich, eine bloße Mode, eine Attitüde zeitbedingten Reformdenkens. Nur in der Offenlegung der ganz konkreten Bedingungsfaktoren wird es gelingen, *EMILIA GALOTTI* für den Unterricht interessant zu machen und seine sachangemessene Analyse vorzubereiten. Einem solchen Schritt dient dieser erste Problemkreis.

1.5 Drama – Spiel und Wirklichkeit

Dann aber gehören jene Standpunkte, die im Folgenden kurz skizziert werden, ebenso zur abwägenden Diskussion.[21]

a) Gleich in der ersten Phase bundesdeutscher BRECHT-Euphorie, möglicherweise mit vorausschauendem Blick auf deren schulische Komponente, mahnt MAX FRISCH zur Nachdenklichkeit: **Ich erinnere mich an nicht allzu ferne Zeiten, als Literaturhistoriker, die jetzt über Brecht schreiben, eine Verblendung darin sahen, wenn man diesen Agitator für einen Dichter hielt; heute ist er das Genie, wir wissen es, und hat die durchschlagende Wirkungslosigkeit eines Klassikers.** Und weiter, sich dem Fazit nähernd, zum Verhältnis Drama – Theater – Realität:

> **Wie immer das Theater sich gibt, ist es Kunst: Spiel als Antwort auf die Unabbildbarkeit der Welt. Was abbildbar wird, ist Poesie. Auch Brecht zeigt nicht die vorhandene Welt. [...] was wird gezeigt? Sehr viel, aber nicht die vorhandene Welt, sondern Modelle der Brecht-marxistischen These, die Wünschbarkeit einer anderen und nicht vorhandenen Welt: Poesie.**[22]

Unser Thema heißt nicht BRECHT, aber es ist zweifelsohne erheblich durch BRECHT (genauer: die literaturdidaktische BRECHT-Rezeption) geprägt. Die Mahnung FRISCHS interessiert in erster Linie, weil sie einen Weg der Vermittlung, also einen Ausweg aus der Krise des klassischen Dramas, aufweist, der für die Schule hilfreich ist. FRISCH verweist auf eine Grundstruktur des Dramatischen überhaupt – gleich ob klassisch oder modern: das Drama als fiktionaler Entwurf von Wirklichkeit im Freiraum des durchschaubaren Spiels gegenüber einer immer anders gearteten, undurchschaubaren Realität des Autors wie des Zuschauers:

Unser Spiel, verstanden als Antwort auf die Unabbildbarkeit der Welt, ändert diese Welt noch nicht, aber unser Verhältnis zu ihr: Es entsteht immerhin ein Vergnügen sogar an tragischen Gegenständen, und dieses Vergnügen bedarf keiner Rechtfertigung daraus, daß unser Spiel didaktisch sei; es ist eine Selbstbehauptung des Menschen gegen die Geschichtlichkeit.[23]

In einer solchen Definition von Drama haben zum Beispiel *Der gute Mensch von Sezuan* und *Emilia Galotti* gleichermaßen Platz. Indem der Zweck des Dramas in ihm selbst gesehen wird als Gegenkraft menschlicher Selbstbehauptung gegenüber der Undurchschaubarkeit der Welt (im 18. Jh. wie auch in der Gegenwart), bedarf es nicht der didaktischen Rechtfertigung von außen um damit Rechtmäßigkeit zu begründen oder zu verneinen – Poetik und Didaktik wären dann auf demselben Wege, die Dramenkonzeptionen Lessing/klassisch und Brecht/episch variierte Spielformen desselben Grundanliegens. Wem nützt die völlig unnötige Frontstellung Klassik – Brecht in der Literaturdidaktik? Den Schülern sicher nicht.

b) Das Argument von dem insgesamt wirkungsvollen Engagement der Theater zur Frage der Klassikinterpretation in der Gegenwart (s. o.) ist erneut zu wiederholen: Die Thematik erreicht ihren Stellenwert im Rahmen der unterrichtsintegrierten Klassikdiskussion, insofern jenseits von Statistik und Erfolgstendenzen nun die sinnliche Perspektive argumentationsleitend wird. Fritz Kortners Wiener Inszenierung der *Emilia Galotti* von 1970 ist in vielerlei Hinsicht wegweisend geworden für eine zugleich gegenwarts- wie textrelevante Klassikerrezeption auf der Bühne. Weder als Antityrannenstück noch als historisches Exempel der Sozialgeschichte interessiert hier Lessings Drama, sondern als Psychogramm der bürgerlichen Familie selbst, welche nach innen orientiert das Außen nicht zu bewältigen vermag und dafür selbstgerecht eine intolerante Umwelt verantwortlich macht. Die Inszenierung ist in Bild und Text ausführlich dokumentiert in: Theater heute (1970), 6; die Konzeption ist dort von Ivan Nagel so zusammengefasst:

Der Hof des Prinzen war szenisch bewußt karg gehalten, er selbst hatte die Attitüde eines schwermütigen, sensiblen Liebenden, der aus den Intrigen Marinellis lediglich Hoffnung auf die Erfüllung seiner intimen Wünsche schöpft. Dementsprechend wurde die antiabsolutistische Rota-Szene am Ende des ersten Aktes gestrichen. Kortners Augenmerk galt der bürgerlichen Welt Odoardo Galottis im zweiten Akt. Sie bekam einen neuen Akzent durch die Hervorhebung einer unerträglichen Pedanterie. Moralischer Rigorismus und patriarchalische Herrschsucht, der sich Frau und Tochter unterzuordnen haben, bestimmten das Milieu. Davon war zwangsläufig auch Emilias Verhältnis zu Appiani und zum Prinzen betroffen. Denn während sich die von den Eltern geförderte Verbindung mit Appiani als eine blutleere und unerotische Beziehung darstellte, brachte die echte Zuneigung zum Prinzen Emilia in Konflikt mit der repressiven Erziehung ihres Elternhauses. Sie war damit nicht bloßes Opfer einer fürstlichen Laune, sondern zugleich Opfer der Zwänge ihrer gesellschaftlichen Umgebung. Aus der Unauflösbarkeit des emotionalen Konfliktes zwischen erotischem Engagement und moralischem Pflichtbewußtsein entwickelte Kortner den tragischen Ausgang des Stückes. Das Ziel dieser ungewohnten Konzeption war naheliegend: Er wollte die Selbstgerechtigkeit der bürgerlichen Gesellschaft gegenüber adliger *Zuchtlosigkeit* problematisieren, um zu verhindern, daß sich das etablierte Bürgertum von heute mit der antifeudalen Tendenz des Stückes identifiziert und daraus eine Selbstbestätigung gewinnt.[24]

Das hier zum Ausdruck kommende gesellschaftskritische Engagement richtet sich nicht an Affekte, sondern an das Urteilsvermögen des Zuschauers, nicht so sehr auf Antworten, die das Stück gibt, vielmehr auf dessen Fragen, die dem Zuschauer zwecks Einschätzung der eigenen Situation überantwortet werden.

Das Spiel in seiner konkreten Gestalt wirkt so als Medium um das Hermetische des klassischen Dramas mit seiner angeblich gespenstischen Feudalstruktur[25] aufzubrechen und seine Botschaft auch vor und mit Schülern verhandelbar zu machen.

1953 eröffnet ein anderer bedeutender Theaterpraktiker jener Zeit, O. F. Schuh, das Berliner Theater am Kurfürstendamm mit Lessings *Emilia Galotti;* dies gerade unter dem Aspekt der Modernität, welche er rückblickend (1968) kennzeichnet: **Auch *Emilia Galotti* ist ein realistisches Stück, ein gesellschaftskritisches Stück, schon vorstoßend in die Richtung des realistischen Theaters, des Theaters, wie wir es hundert Jahre später erlebt haben, aus der bürgerlichen Welt entstanden und aus der bürgerlichen Welt vorstoßend in eine neue Dimension**[26]. Gleichwohl bleibt Lessings Drama ein Stück aus klassischer Zeit. Klassik und Modernität aber müssen nicht in Widerspruch stehen.

c) So sollte im Dramenunterricht vor allem eine Strategie der Kontroverse aufgegeben werden. Unterrichtseinheiten zum Gegeneinander von offenen und geschlossenen Dramenstrukturen sind von minderer Bedeutung als solche, die Gemeinsamkeiten (freilich mit unterschiedlichen Strategien) betonen. Dieses entspricht auch dem Stand aktueller Forschung. Besonders Walter Hincks Entwurf eines *Theaters der Hoffnung. Von der Aufklärung bis zur Gegenwart* (1988) könnte für die Dramendidaktik der Zukunft von erheblicher Bedeutung sein.

Indem gerade das Verbindende im Drama von LESSING bis BRECHT gesucht wird, zeigt sich eine geistesgeschichtliche und sozialethisch engagierte Linie durch die Jahrhunderte, die die Stücke und das Theater der Zeiten auf eine gemeinsame Botschaft verpflichtet: gerade auch in der Tragödie die Kraft zur Hoffnung aufzubringen und erfahrbar zu machen, dass die Ausweglosigkeit der tragischen Situation, der inhumanen Zustände durch Veränderung des Bestehenden mit Mut, Trotz und tätiger Gegenwehr letztlich zu einem Guten gewandelt werden kann. Dieses **Prinzip Hoffnung** (Ernst Bloch) eint das Theater LESSINGS und BRECHTS bei weitem mehr, als es beide unter dann fast nur noch oberflächlichen Gesichtspunkten trennt.

Das *Theater der Hoffnung* [ist] kein Theater der Beschönigung, der Beschwichtigung und der Fata Morgana [...], kein Theater des Vogel-Strauß-Gebarens, der Falschmünzereien und der billigen Tröstungen. Hoffnung ringt sich durch im Angesicht des Elends und des Chaos, der Anarchie und der Inhumanität, der Katastrophen und des Abgrunds. Hoffnung ist durch das Erschrecken hindurchgegangen, sie ist dem Scheitern (auch in der Komödie), ist der Tragödie abgetrotzt.

So wird in Konsequenz

unter *Theater der Hoffnung* jene Dramaturgie verstanden, in der die Aufhebung der (tragischen) Determination von Abläufen, also die Vermeidung der Tragödie gelingt, wobei Hoffnung freigesetzt wird und mit ihr ein *wirkender Anteil Zukunft* (Bloch), der meistens zugleich ein tätiger Anteil Aufklärung ist.[27]

Dass das Theater von LESSING bis BRECHT die Funktion der Vermittlung von Hoffnung und den Appell zu einer tätig begriffenen Zukunft beinhaltet und so die Frage nach dem mutigen Menschen (Dürrenmatt) stellt, wäre einer innovativen Unterrichtsreihe zum deutschen Drama angemessen. Diese wäre nicht durch Gegensätze strukturiert, sondern durch den gemeinsamen humanitären Appell im Verhältnis Drama – Spiel und Wirklichkeit. Zumindest die Frage von der Vermeidbarkeit der Tragödie (s. o.) unter den Zielsetzungen des *Prinzips Hoffnung* wird auch in unserer *EMILIA-GALOTTI*-Untersuchung am Ende zu stellen sein.

2 »Emilia Galotti«: Stationen der Rezeptionsgeschichte – Signale zur Verstehensanalyse

Von den Musterdramen des traditionellen Kanons hat es LESSINGS Drama am schwersten gehabt, sich über die Zeiten zu behaupten. Gerade in dem Spannungsverhältnis zwischen fast frageloser Kanonisierung im Sinne des unentbehrlichen *Literaturdenkmals* bzw. dramentheoretischen Paradigmas und häufig tiefer Fragwürdigkeit der interpretatorischen Zielsetzung auf der anderen Seite droht *EMILIA GALOTTI* in seiner Geschichte immer mehr an Rang zu verlieren. Wie in keinem anderen Drama seiner Zeit jedoch provoziert LESSING sozusagen aus des Stückes eigener Kraft jeweils neue Auseinandersetzungen in ganz unterschiedlichen Zeiten. Unruhe und manchmal auch Unduldsamkeit in einem geschichtlichen Auf und Ab sind spezifische Symptome der *EMILIA-GALOTTI*-Rezeption. Teils als Märtyrerdrama hochgelobt, teils als jugendgefährdend verdammt schwankt sein Ansehen gerade auch in der literaturpädagogischen Linie seiner Geschichte. Zeitgemäßes trifft immer auch auf Unzeitgemäßes: Die Antworten, wo sie dem Drama gegenüber fair sind, führen immer auch ein *aber* mit sich, von MATTHIAS CLAUDIUS bis heute.

Wissenschaft vom Leben der Literatur nennt E. Lämmert die Geschichte des Verstehens und Wirkens von Literatur durch die Zeiten. Damit ist auch eine literaturdidaktische Dimension gewonnen: Die Dokumentation einiger, vorwiegend schulrelevanter Stationen der *EMILIA-GALOTTI*-Wirkungsgeschichte ist kein Selbstzweck, sondern hat zur Aufgabe das Unterrichtsgespräch durch Stellungnahmen, Fragestellungen usw. zu initiieren und zu bereichern.[28] Intendiert ist also eine Diskussionsrunde, in der die Wirkungsgeschichte des behandelten Gegenstands mit anwesend ist ohne aber einseitig Prämissen zu setzen. Auch die Stimmen aus der Vergangenheit bedürfen der Überprüfung auf Rechtmäßigkeit. Sie verweisen aber auch auf uns. Denn Schritt für Schritt, Dokument für Dokument zeigen sich in der Geschichte genau die Interpretations- und Wertungskriterien, die mit wenigen Ausnahmen auch unsere sind. Beweis- und Argumentationsmittel ist in jedem Fall der Text. Dort, wo die Beweisführung am Text nicht mehr gelingt, steht der Gesprächspartner (auch und gerade der historische!) in Verdacht zweckfremde Interessen zu verfolgen, für die ihm der Text nur Vorwand ist. Gefordert ist also eine kritische Partnerschaft der Schüler mit der Geschichte – wenn auch nur in exemplarischer Behandlung an einigen Fixpunkten der Auseinandersetzung mit LESSINGS Drama. Das **Leben der Literatur** wird jedoch dabei erfahrbar und zugleich liegt darin ein weiteres Mittel einen eigenen Standort gegenüber dem irritierenden Drama *EMILIA GALOTTI* (s. o.) zu finden.

2.1 Ein Missverständnis entsteht (von Goethe zu F. Schlegel)

Gleich nach der Braunschweiger Uraufführung vom 13. März 1772 entwickelt sich in der zeitgenössischen Literaturgesellschaft ein Meinungsbild, das in seinen Argumenten gegenwärtigen Stellungnahmen bis in Einzelheiten entspricht. Der Literaturkritiker und -theoretiker LESSING steht nach Meinung der Zeitgenossen dem Dramatiker LESSING im Wege. Insbesondere die *HAMBURGISCHE DRAMATURGIE*, so scheint es, belastet ihr angeblich eigenes theatralisches Produkt: *EMILIA GALOTTI.*

Am Anfang steht GOETHES Urteil, am Ende der ersten Phase mit scharfer Feder zusammenfassend FRIEDRICH SCHLEGEL.

GOETHE an HERDER, Juli 1772, ausgehend von Selbstkritik an seinem *GÖTZ:*

Es ist alles nur gedacht. Das ärgert mich genug. *EMILIA GALOTTI* ist auch nur gedacht und nicht einmal Zufall oder Caprice spinnen irgend drein. Mit halbweg Menschenverstand kann man das Warum von jeder Szene, von jedem Wort, möcht ich sagen, auffinden. Drum bin ich dem Stück nicht gut, so ein Meisterstück es sonst ist, und meinem ebensowenig.[29]

Die Handlungsentfaltung erscheint ihm zu konstruiert, die Kausalverknüpfung der Szenen äußerlich und nicht von innerer Wahrscheinlichkeit und nicht von der unmerklichen Notwendigkeit der tragischen Entfaltung. Später differenziert GOETHE mit z. T. verstärkter Skepsis und fast verräterischer Duldung:

Das proton pseudos [der grundlegende Irrtum] in diesem Stück sei, daß es nirgends ausgesprochen ist, daß das Mädchen den Prinzen liebe, sondern nur subintelligiert [hinzugedacht] wird. Wenn jenes wäre, so wüßte man, warum der Vater das Mädchen umbringt. Die Liebe ist zwar angedeutet, erstlich in der Art, wie sie den Prinzen anhört, wie sie nachher ins Zimmer stürzt: Denn wenn sie ihn nicht liebte, so hätte sie ihn ablaufen lassen, zuletzt sogar ausgesprochen, aber ungeschickt, in ihrer Furcht vor des Kanzlers Hause: Denn entweder sei sie eine Gans sich davor zu fürchten oder ein Luderchen. So aber, wenn sie ihn liebe, müsse sie sogar zuletzt lieber fordern zu sterben, um jenes Haus zu vermeiden.[30]

Goethe schalt heute auf gewisse Kritiker, die nicht mit Lessing zufrieden und an ihn ungehörige Forderungen machen. ›Wenn man‹, sagte er, ›die Stücke von Lessing mit denen der Alten vergleicht und sie schlecht und miserabel findet, was soll man da sagen! – Bedauert doch den außerordentlichen Menschen, daß er in einer so erbärmlichen Zeit leben mußte, die ihm keine besseren Stoffe gab,

als in seinen Stücken verarbeitet sind! – Bedauert ihn doch, daß er in seiner *Minna von Barnhelm* an den Händeln der Sachsen und Preußen teilnehmen mußte, weil er nichts Besseres fand! – auch daß er immerfort polemisch wirkte und wirken mußte, lag in der Schlechtigkeit seiner Zeit. In der *Emilia Galotti* hatte er seine Piken auf die Fürsten, im *Nathan* auf die Pfaffen.‹[31]
Dein reines eignes Verhältnis zu *Emilia Galotti* soll dir nicht verkümmert werden. Zu seiner Zeit stieg dieses Stück wie die Insel Delos aus der Gottsched-Gellert-Weißischen pp. Wasserflut, um eine kreißende Göttin barmherzig aufzunehmen. Wir jungen Leute ermutigen uns daran und wurden deshalb Lessing viel schuldig.
Auf dem jetzigen Grade der Kultur kann es nicht mehr wirksam sein. Untersuchen wir's genau, so haben wir davor Respekt wie vor einer Mumie, die uns von alter hoher Würde des Aufbewahrten ein Zeugnis gibt.[32]

Damit ist das Stück, gerade 50 Jahre alt (also im zeitlichen Abstand wie Brechts Stücke zu unserer Gegenwart), ins Museum der Geschichte verbannt – eine Polemik gegen den Absolutismus vergangener Zeiten.

1772, im Jahr der Uraufführung jedoch geht der Streit der Kritiker engagiert weiter. Einer der wenigen Fürsprecher Lessings ohne Wenn und Aber ist J. J. Eschenburg: Wie sehr auch dieser in seiner Darstellung an dem Dramentheoretiker Lessing orientiert ist, zeigt folgender Ausschnitt aus einer umfangreichen Rezension. Ohne Ausnahme ist jeder Gedanke am 32. Stück der *Hamburgischen Dramaturgie* (nach der Corneille-Kritik) orientiert:

Unter allen Merkmalen des Genies, woran dies Stück so ungemein reich ist, sticht keins durchgehends mehr hervor als ebendiese weise, unnachahmliche Ökonomie, mit welcher der Dichter das simpelste Subjekt in einen Plan zu verweben gewußt hat, der nichts von dem zusammengestückten Ansehen episodischer Behelfe an sich hat, der keiner einzigen müßigen und ermüdenden Szene, keiner kalten oder romanhaften Deklamation, keiner frostigen Erzehlungen, keiner widernatürlichen Situationen zu seiner Konsistenz bedurfte; sondern in welchem alles aus dem zum Grunde liegenden Stoffe in der natürlichsten Folge herausgezogen, jede Szene durch Handlung, durch Äußerung der treffendsten Charaktere belebt, der Ton des Gesprächs diesen Charakteren und der Natur höchst gemäß ist.[33]

Eschenburgs Auffassung von der Titelfigur – **Emilia Galotti, ein Mädchen voller Liebreiz, Bescheidenheit und der sanftesten Unschuld, welche durch Erziehung nach Religion in ihr gebildet und gesichert ist, sie sieht, nach den Begriffen ihres Glaubens, einen solchen Tod für Märtyrertod an**[34] – wird, kaum genannt, sofort infrage gestellt.

In einer intellektuellen Meisterleistung des ***Wandsbecker Bothen*** Matthias Claudius verbergen sich im Tarnkleid des bescheidenen Kunstbetrachters deutlich spürbar Spott, Ironie in Andeutung, Auslassung, in der scheinbaren Richtigstellung, Anknüpfung, Aufzählung des Positiven (wo gerade das Wesentliche und auch die Titelfigur bis auf Geringfügigkeiten fehlen). Die Vieldeutigkeit der Sprache zum Zwecke der Eindeutigkeit in der kritischen Konsequenz, besonders am Schluss der Erstfassung vom 15. April 1772, zeigt eine rhetorische Meisterleistung:

> Das Erste also, was ich von dem Trauerspiel *Emilia Galotti* zu sagen habe, ist, daß es mir gefallen hat. Das heißt nun freilich eben nicht viel gesagt, aber es ist auch nie meine Sache gewesen viel zu sagen. Ich habe einen vornehmen gelehrten Herrn sagen hören, daß ihm das Stück nicht gefallen habe und mich dünkt, das ist doch noch ein gut Teil weniger gesagt. Freilich, wenn ich wüßte, was zu einem guten Trauerspiel gehörte, da könnte ich weitläufig sagen, so und so, u[nd] warum dies und das gut ist, so aber – – – und doch – – – und doch (denn warum sollte ich mich nicht mit dem Prinzen vergleichen, ich mich nicht mit ihm vergleichen? – ich tauschte doch wahrhaftig mit ihm nicht) und doch gehts mir, dünkt mich, wie dem Prinzen, als er zum Maler Conti sagte: ›Lieber Gott, wie darf unsereiner seinen Augen trauen? Eigentlich weiß doch nur ein Maler von der Schönheit zu urteilen.‹ Der Maler Conti antwortete ihm: ›Und eines jeden Empfindung sollte erst auf den Ausspruch eines Malers warten? – Ins Kloster mit dem, der erst von uns lernen will, was schön ist.‹ Ich will also frei heraussagen, was mir gefallen hat, sonderlich also hat mir gefallen der Stolz des Malers Conti in seinem Gespräch mit dem Prinzen, sonderlich daß Camillo Rota das Todesurteil doch wohl nicht mitgenommen hatte, sonderlich der Morgenbesuch des alten Odoardo, sonderlich Pirro und Angelo, sonderlich Odoardo und Claudia, sonderlich daß Emilia nichts vor dem Grafen Appiani auf dem Herzen behalten wollte, sonderlich die melancholische Schwärmerei des Grafen Appiani, sonderlich sein Gespräch mit dem Hofschranzen, sonderlich Angelo und Marinelli, sonderlich Emilias ›ganz gewiss! und das hat den Grafen oder meine Mutter getroffen – –‹, sonderlich Marinelli und Claudia, sonderlich Orsina und Marinelli ›Kommen Sie her! Sehen Sie‹ und so weiter, sonderlich Odoardo und Orsina, sonderlich Marinelli, der Prinz und Odoardo, sonderlich das ganze Stück von der ›Kunst, die nach Brot geht‹ an bis zu Odoardos schönem ›Zieh hin‹.
> Der Schuß im ersten Auftritt des dritten Aufzugs hat mich recht erschreckt, ich war mir auf hundert Meile[n] noch keinen Schuß vermuthen, und denn so hat mich die Orsina auch ein paarmal recht überrascht, ich erwartete so viel Geist und Entschlossenheit und feste Wut von einem Frauenzimmer nicht. Zwar es muß einen wohl rasend machen, wenn so ein Mann – –
> Eines kann ich mir in diesem Augenblick nicht recht auflösen, wie nämlich die Emilia S. 149 sozusagen bei der Leiche ihres Appiani an die Verführung eines andern und dabei an ihr warmes Blut denken konnte. Mich dünkt, ich hätte in ihrer Stelle halb nacket durch ein Heer der wollüstigsten Teufel gehen wollen, und keiner hätte es wagen sollen, mich anzurühren. Zwar ich kann heute nicht für die Richtigkeit meiner Empfindung stehen.[35]

Direkter und auf Einzelheiten eingehend formuliert Jacob Mauvillon seine insgesamt vernichtende Kritik. Merkwürdig: kein Wort zur politischen Dimension des Stückes aus der Sicht des in seiner Zeit berühmten Politikers und Staatsgelehrten, nicht ein einziger außerliterarischer Hinweis in der umfangreichen Abhandlung!

> Das Stück hat ein großes Verdienst, welches der Verfasser nach seinen aus der *Dramaturgie* bekannten Grundsätzen mit Fleiß gesucht hat, ihm zu geben; nehmlich alles natürlich dem Auge des Zuschauers vorzustellen. Nichts ist in dem ganzen Stücke, das nicht so zuginge, wie es in der Wahrheit sich zugetragen hätte [...] Allein unter der Bemühung das Natürliche zu suchen ist das Interessante verloren gegangen [...]
> Die besondern Fehler in dem Plan übergehen wir, da sie meistens alle aus diesem entspringen und sich ohne Änderung desselben auch nicht wohl ändern lassen. Doch einen merken wir noch an, der bestehet darinnen, daß so viel Fäden angesponnen werden, die zu nichts führen. Der Maler und das Bild der Galotti ist ein solcher. Ferner die Orsina, von der man im Anfange etwas erwartet, die man nachher ganz und gar vergißt und die endlich kommt, und warum? Um dem Alten einen Dolch zu geben, der sehr leicht hätte können ein Gewehr mit sich bringen und Appianis Ermordung samt dem ganzen Anteil, den der Prinz daran hat, auf eine andre Art hätte erfahren können; unter andern von der Claudia. Warum beschäftigt hier die Orsina den Zuschauer und zeigt man ihm nicht lieber die Emilia und den Prinzen? Dadurch hätte uns Emilien ihr Charakter besser entwickelt werden können, welches sie für uns interessanter gemacht hätte. Das Unschickliche der Abwesenheit der Emilie mit dem heftigen und in dem Schlosse gebietenden Prinzen wäre weggefallen. In allem Betracht wäre dies für das Stück vorteilhafter gewesen. Wir leugnen nicht, daß die Szene zwischen dem Prinzen und Emilien unerhört schwer zu verfertigen gewesen sein würde, aber schweren Szenen darf der theatralische Dichter nicht ausweichen, wenn sie seinen Zweck befördern. Uns deucht, daß dadurch das Pathetische der letzten Aufzüge weit erhöht sein würde, wenn man Emilien sähe, denn wie soll man sich für sie und ihr Schicksal interessieren, wenn man sie nicht sieht und nur hie und da von ihr sprechen hört. Man kann nicht auf das, was die Personen sagen, und auf die entfernte Emilia und das, was ihr wohl alleweile begegnen mag, zugleich denken.[36]

Für eine Minderheit der Literaturkritiker war Lessing unter dem Eindruck der *Emilia Galotti*-Aufführungen von Brauschweig, Hamburg, Berlin, Wien usw. fortan der deutsche Shakespeare.[37] Sie beziehen ihr Hauptargument aus derselben *Hamburgischen Dramaturgie* (immer wieder besonders aus dem 32. Stück), die Lessings Gegner anführen, wenn sie in *Emilia Galotti* das Werk eines eher spröden klassizistischen Intellektuellen erblicken. Die Gegensätzlichkeit der Meinungen findet keinen Ausgleich, weil die Wertungskriterien von außen (d. i. im 18. Jh. die poetologische Auseinandersetzung über Stand und Funktion der Tragödie im System der Künste) zu dominierend sind.[38] Wir spiegeln die Situation an einem abschließenden Dokument von erheblicher Tragweite für die Zukunft:

Und in keinem Fach hatte Lessing so viel Erfahrung, Gelehrsamkeit, Studium, Übung, Anstrengung, Ausbildung jeder Art, als grade in der Poesie. Keins seiner Werke reicht in Rücksicht auf künstlerischen Fleiß und *Feile* an EMILIA GALOTTI, wenn auch andre mehr Reife des Geistes verraten sollten … EMILIA GALOTTI ist daher das eigentliche Hauptwerk, wenn es darauf ankömmt zu bestimmen, was LESSING in der *poetischen Kunst* gewesen, wie weit er darin gekommen sei. Und was ist denn nun diese bewunderte und so gewiß bewundrungswürdige *EMILIA GALOTTI*? Unstreitig ein großes Exempel der dramatischen Algebra. Man muß es bewundern, dieses in Schweiß und Pein produzierte Meisterstück des reinen Verstandes, man muß es frierend bewundern und bewundernd frieren; denn ins Gemüt dringts nicht und kanns nicht dringen, weil es nicht aus dem Gemüt gekommen ist […] Doch hat dieses Werk nicht seinesgleichen und ist einzig in seiner Art. Ich möchte es eine prosaische Tragödie nennen.[39]

Eine **prosaische Tragödie.** – Wäre es ganz und gar unbillig, wenn wir dieses gegen SCHLEGEL, der uns das Stichwort liefert, nicht als Mangel, sondern als LESSINGS Absicht aufnähmen? Es bedürfte zusätzlich nur einer poetologischen Nuance, um uns Heutigen klarzumachen, was SCHLEGEL mit seiner Definition meinte: **prosaische Tragödie** = Tragödie des prosaischen Verstandes (nicht des poetischen) – also auch verstandesmäßig aufzunehmen wie beim *epischen Drama,* in der Zuschauerhaltung der kritischen Distanz.

Bei aller Vorsicht, die hier geboten ist, so ist doch eben dieses die Summe aller Kritik bei LESSINGS Zeitgenossen an *EMILIA GALOTTI:* Das Durchscheinen der konstruierenden Ratio, das Verunsichern von Leidenschaft und Affekten beim Zuschauer, die Förderung seiner analytischen Verstandeskräfte, der Reiz zum Widerspruch angesichts der Unwahrscheinlichkeiten im Stück: offene Rezeptionsstruktur in Annäherung an das moderne epische Theater. So könnten wir von den Zeitgenossen LESSINGS lernen, indem wir ihre Einwände als Signale sehen, die wir dramaturgisch konkreter verstehen. Wir nehmen diesen Gedanken später erneut auf.

2.2 Der literaturpädagogische Zugriff: Tugend und Erziehung (von Herder zu Hebbel)

Als Theorie-Praxis-Konflikt im Allgemeinen ist das Klassikproblem des Dramas so alt wie die betreffende Dramatik selbst, wie die erste Phase der *EMILIA GALOTTI*-Rezeption zeigt. Kritik, Literaturwissenschaft und Didaktik haben so gesehen dem Drama gegenüber dieselben Schwierigkeiten, in der Geschichte wie heute. Teilweise von Anfang an fehlgeleitete Verstehensansätze haften dem Drama untilgbar an.

LESSING ist von Beginn an ein bevorzugter *Schulautor.* Die ersten modernen Schulanthologien deutscher Literatur (Michael Denis 1766, Würzburger Lesebücher 1773, Basedows Elementarwerk 1774) enthalten bereits Texte aus LESSINGS Fabelliteratur. Das gilt auch für die Leselisten des 19. Jhs., jetzt unter Einschluss von LESSINGS Dramatik. Deutlich bleibt dabei der alte, aus der Gottsched-Zeit stammende Gedanke leitend, dass das Schauspiel als sinnliche Anschauung einer allgemeinen Lehre (eines philosophischen Gedankens, eines *moralischen Prinzips* im Lehrsatz) pädagogisch instrumentelle Bedeutung habe: Es weist dem Schüler den Weg über das Sinnlich-Anschauliche zur eigentlich intendierten philosophisch-moralischen Lehre.[40] Das Drama ist didaktisch-methodisches Vehikel dazu. (Das ist ein Grundgedanke, der bis heute insbesondere in der Dramendidaktik nachwirkt und an das Selbstverständnis der Literaturdidaktik überhaupt reicht.)

1842/43 liegen zwei Epoche machende, jedoch gegensätzliche Konzeptionen zum Literaturunterricht vor: R. H. Hieckes *DER DEUTSCHE UNTERRICHT AUF DEUTSCHEN GYMNASIEN* und Ph. Wackernagels *DEUTSCHES LESEBUCH* mit seinen Ausführungen zu *DER UNTERRICHT IN DER MUTTERSPRACHE*. Hiecke, in Anlehnung an Diesterweg, betont die intellektuelle Ausbildung (Literaturunterricht als Denkschulung); logisch-analytische Behandlung von Literatur in der Schule ergänzt die Privatlektüre der Schüler. Im Aufstellen von präzisen Gliederungsschemata, die den logischen Aufbau eines Textes möglichst lückenlos rekonstruieren, liegt danach die Leistung des Schülers. LESSING ist dafür der bevorzugteste Autor, die *HAMBURGISCHE DRAMATURGIE* eine willkommene Hilfe für das Erkennen von Bauformen und logischen Gestaltungskriterien (Kausalität, Finalität, Sukzessivität) der Dramatik.

In Wackernagels entgegengesetztem Prinzip der Gemütsbildung durch Literatur wird ästhetische Bildung an die höchste Stelle gesetzt. Der Deutschlehrer hat ein **königliches, hohepriesterliches Amt,** er führt die Schüler in das allem Äußeren entrückte Reich reiner Schönheit[41], die die klassische Literatur verbürgt. Nur gehört dazu nicht mehr *EMILIA GALOTTI* mit ihren Intrigen, Verzweiflungen, Unterdrückungen und Ausweglosigkeiten. Vorbildhaft im Sinne der Gefühlsaneignung durch den Schüler ist gewiss auch nicht das schon bei Claudius als amoralisch verurteilte Geständnis Emilias über ihre Verführbarkeit angesicht der Nachricht von Appianis, ihres Verlobten, Tod (V, 7). Das Menschen verachtende **Recht gern** des Prinzen zur Ausfertigung des Todesurteils (I, 8) und, auf anderer Ebene, das Kunstgespräch des Prinzen mit dem Maler Conti (**Der denkende Künstler ist noch eins soviel wert,** I, 4) gehören ebenso wie viele weitere Kritikpunkte zu den Unannehmbarkeiten dieses literaturdidaktischen Konzepts, das sich von Wackernagel bis zur Kunsterziehungsbewegung erstreckt. Aus den poetischen Kriterien bei den Kritikern der ersten Phase (besonders dem der Unwahrscheinlichkeit) werden nun pädagogische Urteile über Störfaktoren in Erziehungsprozessen. Plötzlich wird sogar das Drama als Gattung überhaupt suspekt: **In den meisten Dramen ist die Liebe zu sehr das überwiegende Interesse**[42]. Nur wo in einem Übermaß an sittlichem Wollen die Liebe überwunden wird, scheint das Wesen menschlicher Freiheit in Schönheit durch und genügt dem pädagogischen Konzept: *Iphigenie* übernimmt *Emilia Galottis* Platz in der Schule. Goethe und Schiller ersetzen Lessings Stelle, der Bildungsroman und die idealistische Lyrik verdrängen schließlich das Drama bei wenigen Ausnahmen überhaupt.

Stellvertretend für den geschilderten Bereich stehe H. G. Hothos Abrechnung mit Lessing (1835).

Da wird nun die jungfräuliche Keuschheit um so mehr zur einzig höchsten moralischen Pflicht, je mehr durch die dauernde Lockung der Sinne ihr schwerer Sieg fast unmöglich scheint. Denn eine kampflose Sittlichkeit gibt diese Art der Moral ebensowenig zu, als sie von einer Reinheit weiß, ›die nichts als Unschuld sieht in inniger Liebe Tun‹. Verführbarkeit und Verführung im Gegensatze moralisch keuscher Ehre bleibt dadurch in Lessings Trauerspielen der alleinige tragische Hebel. Das ist kaum zu glauben, und dennoch ist es so [...]
Wie kläglich aber ist es mit dieser gepriesenen Tugendheldin (Emilia) bestellt! Um die Stirn zwar trägt sie einen moralischen Heiligenschein, doch ihr im Innersten klopft das unmoralische Blut in leise schleichendem Feuer fort, und den Heiligenschein kann diese verführbare Tugend nur unbefleckt erhalten, solange sie sich der ersten Gelegenheit entzieht, die ihn mit leichter Hand ihr vom Haupte heben könnte. Diese Gelegenheit ist das Leben überhaupt. Emilia gibt es hin, um die Tugend zu retten. Armselige Keuschheit! Sie ist nichts als die moralische Perle, die zur Träne zerfließen muß, weil sie als Perle sich nicht fest in sich erhalten kann, doch keine Rose, gebrochen, ehe der Sturm sie entblättert; ein Wurm hat sie schon in der Knospe zernagt, und der reine Duft der Poesie und Unschuld der Empfindung hat dem süßen unerschlossenen Kelche ihrer Liebe nie entschweben können [...]
Und so sage es mir nur getrost nach: Das Verbum *verführen* als Aktivum und Passivum in allen seinen Modis und Zeiten, als Indikativ, Konjunktiv und Optativ, als Präsens, Präteritum und Futurum sei fast das einzige Wort, das Lessing in diesen moralischen Tragödien dramatisch konjugiert.[43]

Hebbel listet in seinem Tagebuch unter der Eintragung vom 16. 2. 1839 konkret auf, **warum dieses Gedicht trotz seines reichen Gehalts dennoch kein Gedicht ist.** Dabei ist der Maßstab der positiven Charaktere (im 19. Jh. längst wieder pädagogisiert im Sinne des musterhaften Vorbilds) leitend für die Ablehnung des Dramas, welches die Tugend hinter der **gemeinen Seele** infrage stellt.

> […] eine Tochter, die um ihren Tod bettelt, wie Tausende ums Leben betteln würden; eine Mutter, die an sich nichts bedeutet, deren breites Dasein aber Gelegenheit gibt, daß andere sich entfalten, ein hitziger Graf, der weiß, daß die Alten hämisch sind und der sie dennoch aufs ärgste reizt, ein junger Fürst, der seinen Lüsten jedes Gefühl seiner Würde, jede Rücksicht auf Gesetz und Gewissen aufopfert und der sich, um sich vor sich selbst zu schützen, anfangs hinter eine schlangenglatte Dialektik, zuletzt hinter eine Reue, die ärger ist als selbst die Sünde war, verkriecht, ein Hofmann, der sein Vertrauter ist und der Teufel dazu, eine rachsüchtige, verlassene Mätresse, die ihren Abgott abschlachten will, weil sie nicht mehr bei ihm schlafen darf; obendrein ein Paar Mörder und, um die letzte kleine Schwierigkeit beiseite zu schaffen, noch sogar ein tragischer Kutscher, der sich gezwungen mit diesen verständigen muß: das Schicksal hatte es doch gar zu leicht![44]

2.3 Ein Trauerspiel ohne Schluss (B. Auerbach)

Eine singuläre Stimme im Konzert der ewigen Wiederholung des Für und Wider ist die von B. Auerbach[45] (1861, veröffentlicht erst am Ende des Jhs., 1893):

> Lauter ungelöste Fragen! Das Stück ist ein Produkt der Verstimmung und hinterläßt eine Verstimmung. Es ist ein Pathos der Verzweiflung in dem Stücke wie sonst bei Lessing nie. Während sonst Lessing immer dem Guten im Menschen nachgeht und es überall herausfindet, zeigt er hier die grausenerregende nackte Gemeinheit, gegen welche Geradheit und Tugend nicht unangefochten bestehen können. ›Wer über gewisse Dinge den Verstand nicht verliert, der hat keinen zu verlieren‹ – das ist der elegische Grundton des ganzen Stückes […] Wer nicht korrumpiert sein will, muß sich auf sich selbst zurückziehen.[46]

Wo bleibt bei so viel unterstellter Hoffnungslosigkeit der Aufklärer, Reformer, Erzieher Lessing, wo bei so viel Verstrickung im Miteinander der Menschen die Theodizee – d. i. die existenzielle Hoffnung des Menschen auf die Wiederherstellung der Gerechtigkeit durch göttliche Fügung? Odoardos Worte am Ende des Dramas klingen dazu seltsam hohl, in einem Grade verzweifelt, dass es sich auf den Zuschauer überträgt – eben **lauter ungelöste Fragen,** Verbitterung angesichts der Unerbittlichkeit, die die menschliche Gesellschaft zu ertragen und zu verantworten hat. Da steht im Kontext das Märchen der Großmutter aus Büchners *Woyzeck* oder noch mehr, durch die moderne Vokabel Auerbachs evoziert: die Korruption des Guten in einer unerträglichen Gesellschaft in Brechts *Der gute Mensch von Sezuan*. In beiden Stücken gilt die zugespitzte Frage **Wie kann man gut sein und doch leben**[47], in beiden bleibt sie ohne Antwort und man bedarf ihrer hier wie dort doch so sehr. So sollte es zu verstehen sein, wenn Auerbach für *Emilia Galotti* feststellt: **Der Dichter bewirkt eine große Erschütterung, aber er läßt uns in der**

Erschütterung stehen, er entbindet sie nicht. Es ist kein Schlußakkord da. Der Terminus technicus für einen solchen Schlussakkord in der Tragödie lautet: *Katharsis*, Ausgleich der Affekte, hoffnungsvolle Gefasstheit gegenüber dem Geschick – oder (s. o.): **Theater der Hoffnung.** Folgen wir Auerbachs These (wofür es gute Gründe gibt), so fehlen mit der vorenthaltenen Katharsis Ziel und Zweck der Tragödienkonzeption, für die die *Hamburgische Dramaturgie* eintritt. Das Maß für die Analyse der *Emilia Galotti* wäre dann weder in erster Linie die *Dramaturgie* noch das gängige Lessing-Bild vom aufklärerisch-analytischen Erziehungsoptimismus in der Literatur. Die Stimmigkeit des Entwurfs tragischer Weltsicht dürfte so nicht länger aus Vergleich und Anknüpfung, sondern einzig aus dem Drama selbst entworfen werden und die Vorstellung von einer geschlossenen klassischen Dramaturgie und einer entsprechenden Dramenproduktion wäre zumindest in sich widerspruchsvoll. Der Groll der Kritiker, Dramentheoretiker und Pädagogen wäre genauso erklärlich wie die Apologien zur *Emilia Galotti* – erklärt aber nicht aus Gründen, die das Drama verantwortet, sondern aus einer falschen Hypothese des Interpretationsansatzes in der Geschichte der Rezeption. Nun schon wiederholt: ein deutliches Signal.

2.4 Vom 19. zum 20. Jahrhundert: »Emilia Galotti« zwischen politischer Inanspruchnahme und schulischer Krise

Das 19. Jh. in seiner zweiten Hälfte jedoch kommt hier nicht weiter. Was bleibt, und zwar bis ins 20. Jh. hinein, ist die jeweils aktuelle Paraphrase und Inanspruchnahme dessen, was schon längst an Für und Wider zu *Emilia Galotti* formuliert war. Daran konnten weder E. Schmidts berühmte Lessing-Biografie (Lessing, Geschichte seines Lebens und seiner Schriften, 2 Bde., 1884–86) noch Franz Mehrings Versuch einer Deutung Lessings als revolutionären Dichter gegen die Tyrannei seiner Zeit Wesentliches ändern. Mehring schreibt:

> Als Lessing 1757 in Leipzig den ersten Plan zu seiner bürgerlichen Virginia, zur Emilia Galotti faßte, ahnte er wenig, welche furchtbare Satire auf die deutschen Zustände des achtzehnten Jahrhunderts die Nachwelt in der Katastrophe seines dramatischen Meisterstücks erblicken würde, in der flehentlichen Bitte der Tochter an den eigenen Vater, sie zu morden, da sie ihr Blut, ihre Sinne fürchte im Kampf mit den lüsternen Bewerbungen des Despoten, der eben an der Schwelle des Altars durch feigen Meuchelmord den Geliebten ihres Herzens hatte morden lassen. Es ist die Achillesferse des Trauerspiels, die der Dichter schon mit Unbehagen erkannte und die mißgünstige Krittler von jeher verspottet, aber auch sachliche Kritiker von jeher getadelt haben. Sie ist nun einmal nicht zu beseitigen, auch nicht durch die wohlwollende Auslegung Goethes, die vielmehr der ganzen Tragödie den Rücken bricht, es sei nur nicht

deutlich genug ausgesprochen, daß Emilia den Prinzen heimlich liebe. Wenn Emilia den Prinzen heimlich liebte, dann wäre der alte Odoardo kein tragischer Held; dann tödtete er die Tochter, um ihre anatomische Unschuld zu sichern oder den Prinzen um seine sichere Beute zu betrügen, und Lessing läßt ihn wohlweislich in seinem letzten Monologe sagen, daß wenn das Pärchen einverstanden wäre, die Tochter nicht werth sein würde, vom Dolche des Vaters zu fallen. Nein, Emilia liebt den Prinzen nicht, soll ihn nach des Dichters Absicht nicht lieben, aber daß sie und ihr Vater dennoch vor der Despotenwillkür und – der eigenen Fürstenfürchtigkeit keine Rettung wissen, als den Mord der Tochter durch den Vater, das ist jenes Gräßliche, das weder Furcht noch Mitleid erregen und das, wie Lessing im 79. Stück der Dramaturgie an der Hand von Aristoteles so überzeugend auseinandergesetzt hat, keine tragische Wirkung haben kann, auch wenn es in der Geschichte begründet ist. [...]
[S]o anfechtbar immer die Tragik der Emilia erscheint, sie wurzelte in der ökonomischen Struktur der Gesellschaft, worin Lessings Gestalten leben und weben. Über diese Schranke konnte der Dichter nicht hinaus.[48]

Der Ton der Auseinandersetzung wurde jedoch schärfer, im Pro wie im Kontra, auch unverantwortlicher und z. T. unerträglich: *Emilia Galotti* als Drama *in tyrannos*, gegen Duodezdespotismus, Feudalismus, Franzosenherrschaft, als Denkmal deutscher Nationalliteratur und -geschichte, als Manifest republikanischer Gesinnung wie auch als Symbol nationaler Befreiung in der Sicht der Konservativen. Zum ersten Mal in seiner Geschichte trifft das Drama auf die Perfidie des Rassenhasses und des Faschismus – E. Dühring, 1881:

Die Reklame hat sich dazu verstiegen, den Verfasser der *Emilia Galotti* und des *Nathan* noch gar zu einem wirklichen Dichter zu machen, während es doch sonst auch bei den Lobpreisern feststand, daß die Lessingschen Stücke kalt lassen [...] So sieht man beispielsweise an *Emilia Galotti*, welche sich zu einer wahren Virginia wie ein naturwidriges Zerrbild verhält, daß Lessings Mangel an Gemüt so weit ging, die Liebe in ihrer edleren menschlichen Gestalt nicht einmal von außen zu kennen. Bei ihm reicht sie nicht über die gröbere Sinnlichkeit hinaus, und auch dies ist echt judengemäß. [...] Lessing aber legte an alle Handlungen der Liebe nur sein Judenmaß niedriger Sinnlichkeit. Die Gefühle der nichtjüdischen Völker und insbesondere der Deutschen waren ihm fremd.[49]

Wie schutzlos die Kritikerurteile eines Jahrhunderts hier zum faschistischen Konstrukt der Menschenverachtung zusammengepfercht werden, mag bedrücken. Bedrückender noch ist der Gedanke an dessen Fortsetzung im 20. Jh. Würde man in der NS-Zeit noch Hassvolleres gegen Lessings Drama aussprechen können? Schule und Literaturwissenschaft im Hitler-Deutschland werden es zeigen.

Das 20. Jh. trägt das dramendidaktische Erbe des 19. Jhs., den Zwiespalt zwischen Dramenskepsis und Drameneuphorie im Deutschunterricht, hektischer und zugleich auch noch unübersichtlicher aus. Die

Spur von *Emilia Galotti* scheint sich zunächst fast zu verlieren. Da, wo sie sichtbar wird, ist überall noch mehr Skepsis dem Werk gegenüber spürbar als früher. Dem Drama fehle die Eindeutigkeit der im Kanon festgelegten Programmatik. Ob *Kunsterziehungsbewegung, Arbeitsschule* oder *Deutschkunde* in der preußischen Deutschen Oberschule, *Emilia Galotti* entzieht sich dem Literaturunterricht. Der Grundgedanke der Rezeptionsgeschichte seit Schlegel ist erneut federführend, nur beklemmend aktueller: Wo die Schullektüre den Zielen des Volkes, seinem Geist, seiner Kultur, seinen Idealen als Richtschnur unterstellt ist und die aktuellen Bedürfnisse der Schüler nach fragwürdigen Kriterien von *Volkstümlichkeit* und *Werten für die Gegenwart*[50] gefunden werden, kann *Emilia Galotti* nicht gut bestehen. Nur der Traditions- und Erbgedanke (Lessings vermeintlich historisch große Tat der Befreiung von französischer Bevormundung) bleibt erhalten und die Dramenflut in den neuen Lehrplänen der Zwanzigerjahre gibt dann auch *Emilia Galotti* an den Oberschulen wieder eine fragwürdige Chance.

2.5 1929: Der Aufstand der Schüler (W. Schönbrunn)

1929 kommt es zum Widerstand der Berliner Schüler, nachdem vorher schon 3 000 Kölner Schüler ihre Abneigung gegen die Klassiker bekundet hatten[51] und auch die Lehrer aus sehr unterschiedlichen Motiven heraus (z. B. aus *völkischer Verantwortung*) die Klassikerfrage stellten.

Ein Aufruf aus Protest und glaubwürdig beschriebener Hilflosigkeit ist der des Direktors Walter Schönbrunn vom Berliner Siemens-Gymnasium: *Die Not des Literaturunterrichts in der grossstädtischen Schule* wirkt wie ein Erdbeben und schmiedet (bislang zum letzten Mal in solcher Eindeutigkeit) Literaturwissenschaft und Schule zur Diskussion des Für und Wider zusammen. Ein Literaturstreik der Schüler ist in greifbare Nähe gerückt, Tradition ohne Gegenwart (insbesondere mit ihren sozialen Problemen), Rezeption ohne Aktion, Adaption ohne Kritik sind für die Jugendlichen unerträglich. **Welche Dichtungsform entspricht denn nun unserer Zeit des Radios und des Kinos, der kniefreien Röcke, der Sensationspresse, der dachlosen Häuser, der Sportrekordleistungen?**[52] – Klassiker angesichts der Massenmedien, der Trivialliteratur und deren Vermarktung von Gefühlen und menschlichen Bezügen, angesichts schwerer sozialer und politischer Fragen der eigenen Gegenwart? *Emilia Galotti* erscheint als **Groteske,** als Zerrbild einer privaten Gefühlsduselei, eines so larmoyanten wie verlogenen Leidens im Gewande einer Staatsaktion aus der historischen Klamottenkiste. Die Klassikfrage, im Bilde des *Emilia Galotti*-Problems, liegt nach 150 Jahren des Für und Wider zur Entscheidung an.

Der Jahrgang 1929 der in Wissenschaft wie Schule weit verbreiteten Zeitschrift ***Die Erziehung*** wird zum Austragungsort der Gegensätze und erbitterten Kämpfe. Während H. v. Hofmannsthal die **Schulverfassung** erwähnt, die Lessing **einen imposanten Platz** einräumt, den Dichter preist als einen **Gefährten der Jugend** und *Emilia Galotti* in ihrer überdauernden Wirksamkeit als **etwas Unverwesliches**[53] feiert, fällt in Wahrheit die Maske des schönen Scheins. – Ausgerechnet im Lessing-Jahr 1929, der zweihundertsten Wiederkehr des Geburtstags. Auch die strategischen Schlagwörter der gegnerischen Parteien sind als unversöhnliche Gegensätze sehr schnell gefunden: **Zivilisationspädagogik** gegen **Kulturpädagogik.** Wir brauchen diese Namen nur durch uns geläufige Termini zu ersetzen (wozu uns die Inhaltsanalyse der betreffenden Begriffe das Recht gibt) und wir spüren die teils faszinierende, teils erschreckende Aktualität der Fehde – *literarische Bildung* im Sinne der Hinführung zur a priori als wertvoll erkannten hohen Literatur gegen *emanzipatorische Kompetenz* durch eine bestimmte Literatur, die auf das politisch-gesellschaftliche Leben des Schülers vorbereitet. Die Auseinandersetzung von 1929 entspricht dem heute noch allzu bekannten Streit der Siebzigerjahre bis in Einzelheiten. Wir sind möglicherweise, Bilanz ziehend, nicht viel weiter gekommen. Schönbrunn schreibt:

> **Aber der Kampf der ganzen Zeit geht gegen jede literarische Bildung überhaupt. Es wird nichts übrig bleiben als verlorene Posten offen und rückhaltlos aufzugeben [...] Es wuchs der aktivistische Geist unserer Jugend. Mit nüchterner Kritik wurden die Erzeugnisse der Vergangenheit betrachtet. Nur bei einer künstlich schülerhaft gehaltenen Generation kann es der Lehrer noch wagen, Dramen von Lessing zu lesen. *Emilia Galotti* wird sonst als Groteske empfunden. ›Das kann unmöglich ernsthaft gemeint sein‹. Das Gespreizte, Unwirkliche an *Nathan* wirkt wie ein Witz. Man könnte sich freuen über die durchbrechende Ehrlichkeit der Empfindung, deren Berechtigung kaum mehr zu leugnen ist. Dazu kommt nun in allerletzter Zeit noch die völlig veränderte Erotik und Sexualauffassung und im Zusammenhang damit der völlig neue Typus des modernen Mädchens.**[54]

Drastisch, aber nicht unerwartet nach 200 Jahren intentional ähnlicher Kritik zeigt sich der alte Zwiespalt dem Drama gegenüber erneut. Sobald die Strukturmathematik der Formenanalyse nach positivistischer Gebrauchsanweisung fortfällt (und die Deutschkundezeit ist vehement gegen solche Literaturbehandlung zu Felde gezogen), bleiben Unbehagen, moralische Empörung (wie etwa bei Claudius) oder, gleichbedeutend, Spott an der spießbürgerlichen Verklemmung Emilias, wie es Schönbrunns Berliner Schüler sehen. Und bei aller Sympathie gegenüber Mut und Ehrlichkeit bei Walter Schönbrunn stimmt es dann auch nachdenklich, wenn er einen Teil der traditionellen Literatur doch für die Schule retten will – nun jedoch unter dem Kennzeichen des Psychopathologischen als einer die Schüler motivierenden Thematik: **Alles was von seelischen Krankheiten Zeugnis gibt, stellt sich von selber ein**[55]. Heißt das am Ende, *Emilia Galotti* als dramatische Sexualneurose mit Deflorationssymbolik (die gebrochene Rose, V, 7), wo am Ende **ein Hauch von Inzest über die Rampe weht**[56]? Die Reaktion ist gleichermaßen heftig. Die Schriftleitung der Zeitschrift distanziert sich gleich mehrfach in diesem Jahrgang von Schönbrunns Thesen, ein Gegenstreiter mit großem Namen in der Wissenschaft wird sofort gefunden: H. A. Korff zahlt es Schönbrunn heim, als stehe die gesamte Kulturnation auf dem Spiele:

Man macht sich über die Tugendhaftigkeit der Emilia lustig, die den Tod von der Hand ihres Vaters der Schande vorzieht, durch den fürstlichen Wüstling verführt zu werden? Man lacht darüber, weil ein modernes Mädchen ›mit kniefreien Röcken‹ das Ideal der geschlechtlichen Reinheit nicht mehr versteht? Wie aber, wenn der Erzieher sie in der rechten Weise darüber belehrte, daß es Derartiges einmal ernsthaft gegeben hat? Daß es zu seiner Zeit etwas sehr Unverächtliches gewesen ist, dem man selbst als moderner und vielleicht auch anders denkender Mensch die Hochachtung nicht versagen kann und daß darüber zu lachen ebenso ungebildet ist wie über die Andachtsübungen einer fremden Religion? Vielleicht lenkt der Erzieher aber den Blick überhaupt auf das tiefere Motiv der Emilia, die idealistische Gesinnung als solche, die von allen historischen Inhalten unabhängig ist, an denen sie sich jeweils bewährt? Man mag über geschlechtlichen Rigorismus immerhin anders denken wie zu Lessings Zeit, die Überzeugungstreue, mit der Emilia für dasjenige einsteht, was sie für ihre Ehre hält, sollte auch einer heutigen Jugend ehrfürchtig zu machen sein. Oder ist die moderne Jugend auch darüber schon hinaus? Will der Herr Oberstudiendirektor sagen, daß sie bereits soweit verludert ist, daß sie überhaupt nicht mehr versteht, was Idealismus ist? […] Wenn man über den Opfertod der Emilia Galotti lacht und auch mit dem besten Willen nicht von diesem Rohlingsstandpunkt herunterzubringen ist, dann lache man doch auch gleich über die Heldentaten eines veralteten Patriotismus, wozu die Lektüre des Philotas die beste Veranlassung gäbe! Und warum nicht dann auch gleich über den Stifter der christlichen Religion, diesen sonderbaren Schwärmer, der sich für seine Ideen hat ans Kreuz schlagen lassen, anstatt sich rechtzeitig im Boxkampf auszubilden? (303 f.)

Die Zeit findet noch einmal, kurz vor dem Entzug geistiger Freiheit im Faschismus, den Kompromiss. Beiträger aus Schule und Hochschule finden ihn im Ausgleich der extremen Positionen: Die klassische Literatur bleibt der Schule erhalten, aber die historisierende Perspektive des *Erbes* und des *Genusses* an der ästhetisch-literarischen Überlieferung wird aufgegeben zugunsten existenzieller Betrachtungsweise. Das Betroffensein darüber, **daß das in seiner Erziehung vergewaltigte Mädchen ratlos dem Leben gegenüber versagt,** das *tua res agitur,* wenn Emilia Galotti den **Untergang durch die übermächtige Herrschaft ihrer Sinne und ihres jungen Blutes fürchtet**[57], schaffen die Bindung an die Gegenwart ohne die Tradition preiszugeben.

2.6 Lessings Drama im Literaturunterricht der NS-Zeit

Der völkisch-nationale Literaturunterricht im Hitler-Deutschland kulminiert unsere Frage betreffend in der ideologischen und faktischen Vernichtung der Klassiker.

1933 ist *Emilia Galotti* Schullektüre an 50 % der Gymnasien (= 109 von 218 Schulen als Erhebungsgrundlage), 1939 nur noch an 9,6 % der Schulen (= 19 von 209 Schulen).[58] Wenn dem Drama auch das Schicksal des *Wilhelm Tell* (völliges Verbot durch geheimen Führererlass von 1941) erspart blieb, so doch nicht die planmäßige Denunziation, die es trotz aller Gedankenakrobatik, Lessing parteiideologisch zu halten, mit seinem Autor teilt. **Die individualistisch-bürgerliche Lösung des Dramas war zu privatistisch und einer in kollektivistischen Kategorien denkenden Jugend kein Vorbild mehr. Die Gemeinschaft hatte sich gegenüber dem Einzelnen durchgesetzt, das Blut als Träger aller völkischer Kraft über zersetzenden Intellektualismus rationalistischer Spielart den Sieg davongetragen**[59]. Der Konfliktstoff **mündet in den Kulturbolschewismus,** heißt es für *Emilia Galotti* und die Tradition des bürgerlichen Dramas schon 1933.[60]

Den verbrannten Büchern auf den Scheiterhaufen vom Mai 1933 folgen die Klassiker bald nach. Bei ihnen ist nur die Methode der Vernichtung schwerer erkennbar: 1. Phase: kulturgeschichtliche Distanzierung von der literarischen Tradition bzw. deren Gleichschaltung, wo möglich; 2. Phase: Heranziehung der klassischen Literatur im Deutschunterricht zum Zwecke von Diffamierungsprogrammen im Vergleich mit systemkonformer Literatur; 3. Phase: ein überheblich-mokantes Sichhinwegsetzen über diese Literatur angesicht des vermeintlichen Endsieges.

So ist *Emilia Galotti* nacheinander privatistisch-fremdes Tendenzdrama, ein antiheldisches Schwächlingsdrama, eine **morsche und zusammengeflickte historische Krücke**[61] angesichts der Metaphysik der Vernichtung. 1933–1936–1939 ist die Schrittfolge dieser Art von Endlösung, womit die über 150-jährige Diskussion um *Emilia Galotti* zum ersten Mal zu einem menschenverachtenden Zeitpunkt der Geschichte völlig verstummt.

Ein Beispiel aus der mittleren Phase der schulischen Lessing-Rezeption im Hitler-Deutschland stehe stellvertretend für die Indienstnahme durch die faschistische Ideologie – W. Poethen: *Die Lesestoffauswahl im Rahmen der heutigen Forderungen* (1936):

Daß auch *Emilia Galotti* nicht in der Luft des wirklichen Lebens und der konkreten menschlichen Existenz handelt, sondern in der Sphäre des abstrakten Tugend- und Rührungsbegriffs der Aufklärung spielt, erhellt am besten dann, wenn man der Emilia eine der großen lebensvollen germanischen Frauengestalten gegenüberstellt, etwa die Gudrun oder die Aud in der Gislisage. Wenn also solche Werke, von denen uns heute eine Kluft trennt, durchgenommen werden, dann nicht so, daß *Nathan der Weise* noch weiter als höchster Ausdruck des Humanitäts- und Toleranzgedankens und zum bloßen *Verstehen* der Aufklärung, daß *Emilia Galotti* noch weiter als Mustertragödie behandelt wird, sondern in einer *Auseinandersetzung* mit der Aufklärung, da der Nationalsozialismus selbst eine große Auseinandersetzung mit der Aufklärung ist. Wenn der Lehrer sich das zutraut und wenn die Klasse wirklich reif genug ist, mag er das gelegentlich tun. Aber diese Werke allgemein in einen Lehrplan aufzunehmen, wäre verfehlt. […].[62]

So wird hier schon deutlich, dass es gar nicht amtlicher Verbote (wie bei *Wilhelm Tell*) bedurfte. Im Zuge solcher literarischer Diffamierungs- und Umerziehungsprogramme an den Schulen verstummte das Werk von sich aus. *Emilia Galotti, Iphigenie, Faust* hatten keine Botschaft mehr. Genauer: In äußerster Not des Kriegsgeschehens, 1944, klang ihre Stimme doch wieder durch, vornehmlich die Humanitätsidee und die Hoffnung auf Frieden zwischen den Völkern in der Botschaft der *Iphigenie*. Lessing, Kant, Schiller, Herder werden ihr an die Seite gestellt in Lothar Böhmes eindringlicher Mahnung im letzten Jahrgang der ***Zeitschrift für Deutschwissenschaft und Deutschunterricht.*** Die Dichtung der Klassik – **wir werden sie nach der harten, ja furchtbaren Schule unserer Zeiterfahrung tief und dankbar neu erleben wie ein lange vergessenes, aber nun wiedergefundenes Heimatland**[63].

2.7 Vom Humanitätsdrama zur Klassikerleiche und zu neuer Aktualität

Das mochte nach dem Kriege im Großen und Ganzen zutreffen, zumindest eine Zeit lang. *Iphigenie* rückte ins Zentrum einer nun humanistisch geprägten Fortsetzung der deutschkundlichen Bildung an den Gymnasien der Bundesrepublik. *Faust* an den Schulen war da schon etwas problematischer, doch der Gründgens-Film (1960) erreichte u. a. auch die Schulen bundesweit. *Emilia Galotti* jedoch blieb fortan mehr als je vor der NS-Zeit umstritten. Die Entwicklung führt schließlich, gerade 30 Jahre nach dem Scherbenhaufen der NS-Diktatur, zur ideologischen Indoktrination im Namen von Literaturwissenschaft und Fachdidaktik. Was vermochten da warnende Stimmen zur Nachdenklichkeit, z. B. des schon zitierten Theaterleiters O. F. Schuh (Das Theater am Kurfürstendamm **habe ich gezielt mit einem Stück von Lessing eröffnet,**

mit *Emilia Galotti*, [...], weil ich glaube, daß sich in ihm etwas inkarniert, was in Deutschland nicht seinesgleichen hat, 1953[64]) oder H. Kestens leidenschaftlicher Motivationsversuch 1960 (Lessing **hat die feurigsten Liebesdramen der deutschen Literatur geschrieben**[65])?

Maßgebliche Grundlage für den Interpretationsunterricht der Sechzigerjahre sind B. v. Wieses **Die deutsche Tragödie von Lessing bis Hebbel** und **Das deutsche Drama. Vom Barock bis zur Gegenwart** (Einzelinterpretationen in 2 Bdn., 1958). E. L. Stahl übernimmt darin die *Emilia Galotti*-Interpretation. Sie steht genau am Wendepunkt zu gegenwärtig vorherrschenden Richtungen der Analyse des Dramas, indem sie einerseits noch streng festhält an der Bindung zur Tragödientheorie, andererseits offen ist für eine Deutung des Geschehens aus menschlichen Fehlern und Schwächen. Zwei Ausschnitte zeigen die Position:

> **Eine sozialkritische Bedeutung kann dem Trauerspiel nicht als hauptsächlicher Gehalt beigelegt werden. Eine solche Absicht liefe der aristotelischen Auffassung vom Wesen und Zweck der Tragödie durchaus zuwider, welche Lessing sich schon zur Zeit des Briefwechsels mit Nicolai und Mendelssohn, also um 1756, aneignete, bevor er noch mit der Grundkonzeption der *Emilia Galotti* völlig im reinen war. Nicht einmal Odoardo stellt sich dem Prinzen als Tyrannen entgegen; für ihn ist er immer nur der ›Wollüstling‹, an dessen Hof das Laster blüht. Auch ist Odoardo nicht als Vertreter eines politisch bewußten Bürgertums gedacht. Mit keinem Wort und keiner Wendung hat Lessing eine derartige Interpretation nahegelegt.**
> **Darin besteht die Tragik von Lessings großem Trauerspiel. Keine der dargestellten Projekte, auch nicht die lautersten, gelingen, oder gelingen so wie sie geplant wurden, denn es sind menschliche Fehler und Schwachheiten und nicht die Souveränität des freien Willens, die ihnen die wahre Richtung gaben. Auch kann man bei Lessings *Emilia Galotti* nicht von einer Fatalität der Ereignisse im Sinne der Schicksalstragödie reden. Es handelt sich durchgängig, trotz der Häufung scheinbarer Zufälligkeiten, um die Vereitelung menschlicher Anschläge und Vorkehrungen durch das ebenso verfehlte Eingreifen fremder Willensäußerungen, bis die ungeheuerliche Tat geschieht, die wohlvorbereitet, aber überraschend das ganze Gewebe von Intrige und Verschwörung zerreißt. In dieser Weise schmiedete Lessing jene Kette von Ursache und Wirkung, die er als die wahre Leistung des dramatischen Genies anerkannte.**[66]

Die Geschichtsfeindlichkeit der Didaktik im Übergang zu den Siebzigerjahren wurde mit vielen Argumenten verteidigt. Eines der einfachsten und zugleich schlagkräftigsten im Sinne *reformerischer* ideologischer Beherrschung war die Festlegung aller bürgerlichen Einstellungen zur Historie als *antiquarische* Geschichtsauffassung. Eine solche Gleichschaltung war der Ausgangspunkt um in der Geschichte überhaupt nur Nachteile, nicht aber Nutzen für das menschliche Leben zu entdecken. Dass Nietzsches zweite unzeitgemäße Betrachtung *Vom Nutzen und*

Nachteil der Historie für das Leben, aus der der Begriff *antiquarisch* in diesem Zusammenhang stammt, gerade nach dem Dienst der Geschichte für das Leben fragt und diesen *Nutzen* sehr wohl findet, bleibt bei solchen Strategien geflissentlich außer Acht. Der Feldzug auch gegen die Literaturgeschichte im Dienste der Erkenntnis von der **Pathogenese bürgerlicher Ideologie** erlaubt solche Differenzierung nicht. Nicht überraschend, sondern folgerichtig im Sinne der Ideologiekonzeption ist daher ein programmatischer Aufsatz von H.-J. Grünwaldt (Bremer Kollektiv): *Sind Klassiker etwa nicht antiquiert?* im ersten Heft der Zeitschrift ***Diskussion Deutsch*** (1970):

Die Arbeiten der noch lebenden Schriftsteller interessieren den jungen Menschen meist viel mehr als die Werke der Klassiker. Sollte man deshalb nicht diese zum einzigen Gegenstand des Literaturunterrichts an unseren Schulen machen? In ihnen wird die Welt mit den Augen eines Zeitgenossen gesehen und mit der Sprache eines Zeitgenossen beschrieben. Aus ihnen kann der junge Mensch etwas über seine Zeit und sich lernen. Sie sind *aktuell,* die Werke der Klassiker aber *antiquiert,* wie Schüler sagen würden.
Wie bekannt, sehen diejenigen, die den Deutschlehrern die Ideologie verfertigt haben oder für deren Ausbau und Verbreitung sorgen, die Sache anders. [...] *Maria Stuart* beispielsweise wird gepriesen wegen der ›meisterhaften Verarbeitung geschichtlichen Materials‹ in diesem Drama, und in einer Handreichung für den Deutschlehrer, der mit seinen Schülern *Emilia Galotti* lesen will, wird begeistert auf ›die Ordnung, die Klarheit, die Durchsichtigkeit des Werkes‹ hingewiesen. Man wird dabei an jenen Museumsführer erinnert, der die Touristen die Schönheit einer Statue erleben lassen will, indem er ihnen erzählt, wie groß und wie schwer die Statue ist und wie lange der Künstler zur Herstellung seines Kunstwerks brauchte. [...] (16 ff.)

Die unterstellte bürgerlich-antiquarische Geschichtsauffassung habe zudem eine politisch-reaktionäre Dimension. Um diesen Aspekt geht es für Grünwaldt in erster Linie. **Die Diffamierung der Moderne,** der Literatur wie der Zeitverhältnisse, sei das Ziel der solcherart taktierenden **geistigen Ringer** unter den Lehrern, meint Grünwaldt.

Ihr Antimodernismus richtet sich gegen die Emanzipation des einzelnen von Bevormundung jeglicher Art, also gegen eine demokratische Gesellschaftsordnung, die diese Emanzipation ermöglichen soll, und liebäugelt mit faschistischen Ideen.

Unter einem zusammenfassenden globalen Lernziel des Deutschunterrichts (ideologiekritische Kompetenz) ist dann folgendes Fazit konsequent:

Ob klassische Literatur dazu notwendig ist, sollten sich die Deutschlehrer tatsächlich fragen. Wenn sie (wie ich glaube, aus praktischen Gründen) diese Frage mit ›ja‹ beantworten, dürfen sie die Klassiker nicht weiterhin als Evergreens ansehen, in denen immer noch Leben steckt. Sie müssen sie vielmehr als

ideologische Leichen betrachten, an denen die Schüler das Sezieren, d. h. Analysieren, von Literatur lernen, damit sie, wenn sie lebendigen literarischen Werken gegenüberstehen, zu erkennen vermögen, ob und wie ihnen diese schaden oder nützen können.

Die Rezeptionsgeschichte jedoch lässt sich nicht ihr Ende vorschreiben und der Deutschunterricht nicht eine solcherart verordnete monströse Leichenschau. Gerade die *Emilia Galotti*-Rezeption in ihrer Geschichte zeigt bei allem Für und Wider, dass man es sich nur selten leicht gemacht hat. Stellvertretend sei dabei an Walter Schönbrunn und seine Zeit erinnert. Rezeptionsgeschichte als **Wissenschaft vom Leben** zeigt sich dann auch für die Zukunft trotz Grünwaldts literarischem Leichenschauhaus der Klassik lebendiger denn je.

Der Grund dafür liegt für die schulische Rezeption in erfreulichen Tendenzen zur Liberalisierung und Demokratisierung der Literaturdidaktik selbst. Wohl zum ersten Mal in ihrer Geschichte gibt die Dramendidaktik normative Ansprüche auf und bekennt sich zur Vielfalt des Experiments **Drama im Unterricht**. Nie waren Unterrichtseinheiten zum Drama so vielfältig, farbig und motivationsorientiert wie seit den Achtzigerjahren bis heute. Dass dabei häufig der Anspruch auf repräsentative Gesamtinterprationen, auf Vollständigkeit der Ganzschrift-Analyse aufgegeben wurde, versteht sich fast von selbst. Die Vertreter des *Partitur-Ansatzes* machten schon in den Siebzigerjahren den Anfang, insofern sie den Transfer von den Dramentextbüchern (= den Partituren) zur versinnlichenden Gestaltung auf der Bühne als Schwerpunkt des Dramenunterrichts betrachteten. Die Theaterdidaktiker gingen dann den entscheidenden Schritt weiter, Dramenanalysen vorwiegend aus den ästhetischen Konzeptionen in konkreten Theaterproduktionen zu entfalten. (Die Verfügbarkeit von entsprechenden Videodokumentationen wird dabei vorausgesetzt und manche Schulen verfügen inzwischen über angemessene Bestände in ihrer Videothek.) Gegenwärtig stark akzentuierte produktionsorientierte literaturdidaktische Entwürfe gehen den innerhalb dieser Entwicklung wohl letztmöglichen Schritt weiter, kognitiv-analytisches Lernen durch kreatives literarisches Handeln (Produzieren unter Einsatz von Fantasie und Imaginationskraft der Schüler) zu ergänzen und so endlich auch wieder der Subjektivität des Verstehens (aber keinesfalls der Beliebigkeit!) in der Schule Raum, Förderung und Anerkennung zu geben.

Zwei Beiträge aus neuester Zeit – der eine theoretisch grundlegend, der andere mit Vorschlägen zum kreativen Handeln – sollen abschließend stellvertretend für die Behandlung der *Emilia Galotti* im Unterricht der Gegenwart stehen.[67]

Karlheinz Fingerhut fragt nach der Bedeutung des literarischen Kanons im Kontext mit den maßgeblichen Verstehensleistungen zu den betroffenen Werken. Denn beides käme auf den Schüler zu, das Kunstwerk der Kanonliteratur *und* ihm zugeordnete Lesestrategien, Verstehensinhalte und Werturteile, die maßgeblich in einer pluralistischen Kulturgesellschaft bestehen und Wirkung zeigen. *Emilia Galotti* als **politisch revolutionäres Drama**, als **Tragödie der repressiven bürgerlichen Familienerziehung**, als Paradigma für **die Unterdrückung der Sinnlichkeit und der Definition von ›Weiblichkeit‹** oder als **Trauerspiel der verkehrten Sprache** und der Sprachinkompetenz sind steuernde Lesevarianten, die als **kultursoziologisches Orientierungswissen** den Unterricht mitbestimmen und auf ihre Weise die unterschiedlichen Meinungen und Verstehenspositionen der Schüler stützen und fördern.

> Heteronomie, also die Spannung, daß Schüler/innen Unterschiedliches mit einem Text verbinden, kommt in den Literaturunterricht nicht allein über eine Pluralität der literarischen Texte, sondern über eine Pluralität der über sie existierenden Meinungen. Im Spektrum dieser *Meinungen* spiegeln sich die ideologischen Unterschiede, die in einer Gesellschaft gegeneinanderstehen. (93)
> Unterschiedliche Schülerinnen und Schüler sollen an Kanontexten unterschiedliche Erfahrungen machen und diese artikulieren – und sie können das, wenn sie durch unterschiedliche Kommentierungen dabei unterstützt werden. (96)

Dabei ist die Gefahr der Aufreihung zu einem **rezeptionsgeschichtlichen Museum** dann ausgeschlossen, wenn die Rezeptionsdokumente in ihrer Vielfalt nicht als Verstehensmuster, sondern als Orientierungshilfe mit Appellfunktion selbstständiger und individueller Meinungsbildung im Unterricht behandelt werden. In genau diesem Sinne möchten wir den didaktischen Sinn dieses Kapitels verstanden wissen (wenn auch hier um eine historische Komponente erweitert), zu dem Fingerhuts Aufsatz die überzeugende Grundlegung darstellt.

Ingo Schellers Beitrag zur szenischen Interpretation geht in eine Richtung, die angesichts des klassischen Dramas noch recht selten den Literaturunterricht bestimmt. Theaterpädagogische Praxis und produktionsorientierter Unterricht kommen hier zusammen und fixieren das Konzept sinnlich kreativen Handelns gerade an einem sonst so theorie- und geschichtslastigen Unterrichtsgegenstand wie *Emilia Galotti*.

Angesichts einer häufig *sinnenfeindlichen Interpretationshaltung* im Literaturunterricht stellt Scheller fest:

> Das muß nicht so sein. Es gibt genug Möglichkeiten, um auch im alltäglichen Unterricht Situationen zu schaffen, in denen sich Schüler(innen) mit ihren Erlebnissen, Wünschen und Haltungen auch zu schwierigen Texten in Beziehung setzen und dabei neue Erfahrungen machen können.

> Eine solche Möglichkeit eröffnet die szenische Interpretation. Sie versucht mit Mitteln des szenischen Spiels einen Prozeß in Gang zu bringen und zu intensivieren, in dem Schüler und Schülerinnen bei der Auseinandersetzung mit den im Text gestalteten fremden Lebensentwürfen, Handlungsmustern und Szenen eigene Erlebnisse, Empfindungen und Verhaltensmuster entdecken können. Sie bietet den Text als Partitur, als Spielmaterial für Inszenierungen an, gibt Anstöße für das Spiel in der Phantasie und im Klassenraum, für das Experimentieren mit Haltungen, Gesten, Sätzen, eröffnet Möglichkeiten, sich auch in fremde Figuren und Situationen einzufühlen, in Rollen und Szenen zu handeln, Haltungen und Handlungen zu erproben und in ihrer Wirkung zu erfahren. Dabei bleibt der Text Bezugspunkt: Er entwirft in spezifischer Weise historisch verortete und verortbare Szenen, die im Lebenszusammenhang und der Vorstellung des Autors bzw. der Autorin eine Rolle gespielt haben. Diese Szenen werden über die szenische Interpretation rekonstruiert und in Verbindung gebracht zu Szenen, die auch die Schüler und Schülerinnen kennen, die sie erlebt haben bzw. in die sie geraten können. Indem sie den Text in Szene setzen, geben sie ihm eine Gestalt, die sich auf die Vorstellungen des Autors bzw. der Autorin beziehen läßt. Dabei aktivieren sie eigene Erlebnisse, Wünsche und Verhaltensmuster und machen sich diese bewußt. (22)

Für *Emilia Galotti* bedeutet das nun:

> Schritt für Schritt sollen sich die Schülerinnen und Schüler in die Figuren des Stücks einfühlen, ihnen Identität und äußere Haltungen geben und dabei die Bilder, Wünsche und Abwehrprozesse hinter dem äußeren Geschehen verstehen. (67)

Eine Fülle szenisch-didaktischer Ideen unterstützt im Folgenden dieses Vorhaben. Damit wird eine Unterrichtseinheit entfaltet, wie sie lebendiger, kreativer lernend kaum sein kann.

3 Schwerpunkte der Analyse: Materialien, Dokumentation, Interpretationsansätze

3.1 Verstehensanalyse als produktiver Entscheidungsprozess

In der folgenden Diskussion soll das Drama selbst, in seiner Entstehungszeit, aus der Perspektive seiner Produktionsbedingungen und in seiner Textgestalt, in den Blick kommen. Diese Thematik steht insofern in unmittelbarer Verbindung zur Problementfaltung in der Rezeptionsgeschichte, als die Lessing-Interpretation der zwei Jahrhunderte mehr oder weniger deutlich auch aus ihrer jeweiligen Einschätzung der Entstehungsphase zu ihren Urteilen kam. So unterschiedlich wie das Spektrum der Urteile und Meinungen im Ganzen, so kaleidoskophaft im Erscheinungsbild ist eine Situationsskizze zur *Emilia Galotti*-Entstehung. Fakten gibt es genug, doch ein einheitliches Bild von sicherer Beweiskraft ergeben auch sie nur schwerlich. Diesbezügliche Schwierigkeiten der Kritiker in der Geschichte der Rezeption sind auch unsere Schwierigkeiten. Voreiligkeit und ein gewaltsamer Drang nach Eindeutigkeit in der Beurteilung zeitgenössischer Szenerie zum Zwecke des Ursachenbeweises verhindern eine sachliche Darstellung. Allzu oft erwuchs daraus ein Vorurteil, wie die Lessing-Geschichte zeigt. Und nicht selten hatte daran gerade die Schulrezeption wesentlichen Anteil.[67]

3.2 Hamburgische Dramaturgie, 32. Stück: Die Tragödie und die Offenlegung ihrer »verborgenen Organisation«

Friedrich Schlegel nannte Lessings *Emilia Galotti* ein großes Beispiel dramatischer Algebra, und in der Tat stellt dieses Stück einen Höhepunkt der deutschen Dramatik des 18. Jahrhunderts dar. Lessing wollte seine Forderungen zur Erneuerung des deutschen Theaters, wie er sie in seiner *Hamburgischen Dramaturgie* vorgetragen hatte, hier verwirklichen und gleichzeitig an die überragende Kunst Shakespeares anknüpfen.[68]

– Wäre es doch so einfach! Der Sachverhalt jedoch zeigt sich ungleich schwieriger. Es ist schon erstaunlich, wie sehr man Schlegels Äußerungen missverstehen kann, und das gleich zweifach in schulrelevanten Beiträgen: Das Zitat ist nicht korrekt wiedergegeben, die Schlussfolgerung ist nur in Konsequenz des Übersetzungsfehlers stimmig; Schlegel nennt das Drama **ein großes Exempel der dramatischen Algebra.** Nur aus der Verwechslung von Paradigma und Exemplum kann daraus das deutsche **Beispiel** werden. Kontextkonform im Sinne Schlegels wäre hingegen allein die deutsche Übertragung *Präzedenzfall* in der Qualität des warnenden Beispiels. Die Oberflächlichkeit, ja Irreleitung der Aussagen von Hippe und Henschen wird vollends klar, wenn man die schneidende Ironie von SCHLEGELS rhetorisch meisterhafter Argumentation im Kontext verfolgt. Sein Ziel in diesem Abschnitt ist LESSINGS dramatische Qualifikation infrage zu stellen, indem er u. a. zentrale Forderungen der *HAMBURGISCHEN DRAMATURGIE*, vor allem die innere (psychologische) Wahrscheinlichkeit der Charaktere, im Drama vermisst und stattdessen figurierte Denkkonstrukte des Verstandes auf der Bühne handeln sieht. SCHLEGEL spricht deswegen von der **prosaischen Tragödie,** die eben ganz und gar nicht den Kerngedanken der *DRAMATURGIE* Genüge leistet. In Wahrheit verkehrt sich Hippes Aussage ins völlige Gegenteil – zumindest in SCHLEGELS Intention: *geglättete* Information an den Schüler also gerade dort, wo die Pflicht zur Problemdiskussion vordringlich geboten ist – eine didaktische Gegenwartsvariante des alten *EMILIA GALOTTI*-Problems.

Wir stellen uns dem Problem und befragen die *HAMBURGISCHE DRAMATURGIE* nach ihren Kernaussagen zur Konzeption des Dramas. Als Grundlage dient das berühmte 32. Stück, in dem LESSING in stark konzentrierter Form seine Forderungen an die Tragödie nennt, indem er den Entstehungsprozess des **wahren Trauerspiels** beschreibt. Eine Zeilengliederung soll dabei der Schrittfolge mehr Übersicht geben.[69]

Wie häufig in den zwischen Mai 1767 und April 1769 veröffentlichten Arbeiten am Hamburger Nationaltheater zur Theaterkritik und Dramenreform (zusammengefasst: *HAMBURGISCHE DRAMATURGIE*) geht Lessing auch im 32. Stück von einer konkreten Kritik aus. Ihr Gegenstand ist CORNEILLES Drama *KLEOPATRA*. LESSING sieht folgende Hauptmängel: Geschichtshörigkeit des Autors, welche nicht aus der antiken Dramentheorie zu begründen ist; die historiographische Präzision im Drama macht weder die Geschichte wahrscheinlicher noch das Drama selbst. Es fehlt ihm die eigentlich künstlerische Zweckmäßigkeit (= die spezifische Wirkungsintention des Dramas). Der historische Stoff (**eine Frau, die Mann und Söhne mordet**) hält nur das rein Faktische bereit. Dieses wirkt auf den Rezipienten gleichermaßen abstoßend (**gräßlich**) wie unwahrscheinlich (weil **außerordentlich** und nicht in innerem Zusammenhang erklärt). In die dramaturgische Dimension übertragen: Dieses Stück sei bei **höchstens drei Szenen** von **magerer Kürze** extrem unglaubwürdig.

Wie verhält sich nun der wahre Dichter? Er wird

1. vor allen Dingen bedacht sein, eine Reihe von Ursachen und Wirkungen zu erfinden,
2. nach welcher jene unwahrscheinliche Verbrechen nicht wohl anders, als geschehen müssen.

3. Unzufrieden, ihre Möglichkeit bloß auf die historische Glaubwürdigkeit zu gründen,
4. wird er suchen, die Charaktere seiner Personen so anzulegen,
5. wird er suchen, die Vorfälle, welche diese Charaktere in Handlung setzen, so notwendig einen aus dem anderen entspringen zu lassen,
6. wird er suchen, die Leidenschaften nach eines jeden Charakter so genau abzumessen;
7. wird er suchen, diese Leidenschaften durch so allmähliche Stufen durchzuführen:
8. daß wir überall nichts als den natürlichsten, ordentlichsten Verlauf wahrnehmen;
9. daß wir bei jedem Schritte, den er seine Personen tun läßt, bekennen müssen,
10. wir würden ihn, in dem nämlichen Grade der Leidenschaft, bei der nämlichen Lage der Sachen, selbst getan haben;
11. daß uns nichts dabei befremdet, als die unmerkliche Annäherung eines Zieles, von dem unsere Vorstellungen zurückbeben
12. und an dem wir uns endlich, voll des innigsten Mitleids gegen die, welche ein so fataler Strom dahinreißt,
13. und voll Schrecken über das Bewußtsein befinden, auch uns könne ein ähnlicher Strom dahin reißen, Dinge zu begehen, die wir bei kaltem Geblüte noch so weit von uns entfernt zu sein glauben. –

14. So entwickelt sich der Stoff aus seiner **mageren Kürze,** dramaturgisch gesehen, zu einem fünfaktigen Drama und enthüllt, inhaltlich gesehen, in der künstlerischen Dimension des Dramas seine **verborgene Organisation.** Diese ist die Leistung des wahren Dichters, sie dient in ihrer Wirkung dem Zuschauer in ganz bestimmter Weise über das Drama hinaus: *Katharsis.*

Kommentar:
zu 1: Die Forderung benennt das dramatische Prinzip der Kausalität. Diese wird bei LESSING keineswegs in naturwissenschaftlichem Sinne verstanden, sondern als Motivationsmittel für den Zuschauer zur Darstellung der inneren (und äußeren) Notwendigkeit der dramatischen Entwicklung bei natürlichstem (ordentlichstem) Verlauf (s. auch 8). Kausalität als künstlerisches Gestaltungsmittel ist so die Grundvoraussetzung für Identifizierung und Illusionsbildung des Zuschauers, welche zur Betroffenheit führen. Sie ist wesentlich beteiligt an der Herstellung der Einheit der Handlung.
zu 2: Hier ist der Nachahmungsgedanke als weiterer zentraler Aspekt in LESSINGS Dramaturgie leitend. Er hat seinen Ursprung in der Poetik des ARISTOTELES und benennt in der Mimesislehre das Wesen aller entsprechenden Künste. Nachahmung (Mimesis) der Natur, hier der Ge-

schichte (ebenso seit der Antike auch von Mythos und Legende), bedeutet als Gebot für den Dichter nicht **Versifikateur der Geschichte** zu sein, sein Werk ist also nicht dramatisierte Historiographie, nicht Naturalismus, sondern Konzentration auf das Wesentliche in den vielschichtigen Zusammenhängen von äußerer und innerer Natur (d. i. die sinnlich erfahrbare Natur und die Natur der Gemütskräfte) mit den Mitteln der Kunst. Mimesis ist also **die poetische Durchdringung der Wirklichkeit** (Barner u. a. 185) auf ihren wesensmäßigen Kern hin, hier zum Zwecke der sinnlichen Anschauung auf der Bühne. In Verbindung mit (1) wird aus der Unwahrscheinlichkeit der äußeren Fakten (Mord an Gatten und Söhnen) durch Einwirken der Kunst ein Geschehenszusammenhang von innerer Wahrscheinlichkeit und Notwendigkeit des Ablaufs. Mimesis ist kein bloßes Abbilden der Natur, sondern ein Erkenntnisakt mit den Mitteln der Kunst, der in der Natur **unbegriffene Zusammenhänge durchsichtig und begreifbar macht** (Barner u. a., 187).

zu 3: Gegen die Gefahr der historischen Distanzierung wird hier das dramatische Prinzip der unmittelbaren Gegenwart angeführt. Die damit intendierte Identifizierung des Zuschauers mit dem Geschehen gelingt durch

zu 4: die Theorie des **gemischten Charakters:** Sie stammt ebenfalls aus der Poetik des Aristoteles und ist in Reaktion auf die Barocktragödie ein durchgängiges Thema des 18. Jh. Sowohl im Sinne des Ziels der Tragödie (Furcht und Mitleid) als auch in Konsequenz des oben genannten Nachahmungsgedankens und aus den Bedingungen der Wahrscheinlichkeit ergibt sich nach Lessing für das Gelingen der Identifikation Bühne – Publikum: Ablehnung der übermenschlichen Heroen und schon unmenschlichen Schurken. Beide erreichen auf der Bühne distanzierende Effekte: übersteigerte Bewunderung bzw. Abscheu. Sie widersprechen somit Erfahrungen und Erkenntnissen der Wirklichkeit. Die Mischung aus Tugend und Laster bestimmt vielmehr das Wesen des Menschen, worin sich der Zuschauer wiedererkennen kann. Damit in Verbindung steht die Aufhebung der Standesklausel: In demselben Maße wie die Charaktere der handelnden Personen wichtig werden, in demselben Maße sinkt die Priorität der hohen (adligen) Standesperson in der Tragödie.

zu 5: Dafür verantwortlich ist außer (1) in besonderem Maße die umfassende Charakterzeichnung der handelnden Personen. Trotz der Differenzierung des Primats von Handlung bzw. Charakter in der Tragödie bzw. Komödie gilt auch für die Tragödie, dass die Taten, Affekte und Entscheidungen der dramatis personae aus ihrem Charakter erklärlich werden. Der Charakter ist eine genau herausgestellte und feste Größe in der Vielfalt des Bühnengeschehens, er ist deshalb Orientierungspunkt und Maßstab für die Glaubwürdigkeit der handelnden Personen aus der Sicht der Zuschauer. Er ist lebenswahr nach den Prinzipien von Mimesis, von ordnungsstiftender Funktion für den Zuschauer und zugleich Produkt der *Kunst*form Drama (s. Anm. 69: O. Mann, 405).

zu 6: Bezieht sich auf (5) unter Herausstellung der inneren Handlung (Affekte) gegenüber der äußeren Handlung (**Vorfälle**) in (5).

zu 7: Die dramatischen Prinzipien der Sukzession und Finalität sind hier gemeint. Das Ziel der Gemütserregung beim Zuschauer erfolgt *ökonomisch* (in **allmählichen Stufen**) und nicht als Schock, der gemäß Affektenlehre nur destruktive Wirkung hätte.

Die Handlung schreitet beständig fort in der natürlichen Jetztfolge (also ohne Stau und Zeitsprung), aber sie schreitet auch in der Unmerklichkeit der Jetztfolge einem Ziele zu. Die Einheit der Zeit benennt hier also das ununterbrochene, nachvollziehbare Zeitkontinuum, nicht aber die fälschlicherweise bei den Griechen als normative Regel erkannte Einheit einer Sonnenwende. Wenn in *Emilia Galotti* die *gespielte Zeit* dennoch dieser Spanne entspricht, so liegt hier keine Regel zugrunde, sondern eine spezifische Aussageintention, die es zu interpretieren gilt.

zu 8: Hier ist in Lessings Modell der Überschritt von den Produktionsprinzipien zu den intendierten Rezeptionsqualitäten, denen die Produktion dient. Die wirkungspoetologischen Absichten werden nun Schritt für Schritt entwickelt. Die hier genannte Konsequenz bezieht sich noch in einfacher Form auf die Summe von (1) bis (7) unter der Perspektive der Wahrnehmung des nachprüfenden Beobachters.

zu 9: Sofort aber wird dessen Position vertieft zu der des *Bekennenden,* der also nicht mehr Beobachter (wie etwa während der ersten Szenen in der Expositionsentfaltung), sondern Einbezogener ist.

zu 10: Fasst die Illusionswirkung im Kern zusammen: *tua res agitur.* Der als natürlich erkannte und auf uns selbst bezogene dramatische Zusammenhang motiviert den Zuschauer zum Einbezug aller *Gemütskräfte* und bildet so die entscheidende Voraussetzung für Ziel und Zweck der Tragödie.

zu 11: Unter dem Prinzip der unaufhaltsamen Zeitfolge mit spürbarer Zielrichtung (s. 7), bei klarer Kenntnis der Charaktere (s. 5) und unter Berücksichtigung der Lage, in der die Personen handeln, kommt die Ahnung des Unheils, des zwingenden Fortschritts zur Katastrophe *ins Spiel* (bei den Bühnenfiguren und mehr noch beim Zuschauer). Die intendierte Wirkung der Tragödie (hier noch unter dem Teilaspekt *Phobos*/Furcht im Sinne von unheilvoller Ahnung) beginnt.

zu 12: LESSING nennt zu den Zielvorstellungen der Tragödie (**endlich**) an erster Stelle *Eleos*/Mitleid. Dieses ist – wie sein Interferenzbegriff *Phobos* – aus dem Ursprung in der aristotelischen Poetik und der Geschichte der 200-jährigen ARISTOTELES-Exegese in Europa vor LESSING zu verstehen. Es ist daher nicht zulässig, den Begriff im Rahmen christlicher Ethik (und so etwa als Nächstenliebe) zu interpretieren, wie gerade für den schulischen Bereich aus erklärlichen Gründen öfter geschehen. Vielmehr benennt der Begriff das Mit-Leiden, als sei es mein eigenes Leiden, also in des Wortes ursprünglicher Bedeutung, als äußerste Gemütserregung, als Schmerz, der als *Trauer* erträglich wird. Der Ort der Mitleidserregung ist also beim Zuschauer, nicht auf der Bühne bei den handelnden Figuren und ihren Leidenschaften, nicht in der Ratio des Zuschauers, sondern in seinem Gemüt (s. Anm. 69: O. Mann, 456).
zu 13: Anders als bei anderen zeitgenössischen ARISTOTELES-Interpreten hat *Schrecken* eine weniger selbstständige Bedeutung. Die europäische Übersetzung Phobos/terreur/Schrecken wird zunächst von LESSING übernommen, im Fortgang der *HAMBURGISCHEN DRAMATURGIE* (wie früher schon im Briefwechsel mit Nicolai) jedoch korrigiert in *Furcht. Schrecken* ist die plötzliche Reaktion des Menschen auf eine aktuelle Gefährdung, und zwar ohne Erfahrungswert, **hingegen kann die Furcht begriffen werden als die Antwort des erfahrenden Gemüts auf eine sich vorstellende Bedrohung** (O. Mann, 456, er macht diesen Unterschied anschaulich an den Begriffen *Todesangst* und *Todesfurcht,* LESSING selbst kommt zu der Unterscheidung bei der Auseinandersetzung mit WEISSES Bösewichtstragödie *RICHARD III,* 74. Stück ff.). Die Begriffe *Furcht* und *Mitleid* erklären sich wechselseitig. Sie evozieren eine einheitliche vermischte Empfindung im Zuschauer. Zusammenfassend: **Es beruht alles auf dem Begriffe, den sich ARISTOTELES von dem Mitleiden gemacht hat [...] und alles das finden wir mitleidswürdig, was wir fürchten würden, wenn es uns selbst bevorstünde** (*HAMBURGISCHE DRAMATURGIE,* 75. Stück). Sofern der Dichter die Bühnenfigur in ihren Leidenschaften **mit uns von gleichem Schrot und Korne** schildere, erregen seine Unglücksfälle unsere Furcht. – Aber: **diese Furcht ist das auf uns selbst bezogene Mitleid** (75. Stück).
zu 14: Ist es das Ziel des Trauerspiels, Furcht und Mitleid zu erregen, so ist sein Zweck Katharsis: Reinigung. Dieser Zweck weist über das Theater und die Kunst hinaus und reicht in den eigentlich intendierten (national-)erzieherischen Bereich. Der Bildungsgedanke der deutschen Aufklärung enthält immer auch den politischen Willen zur Errichtung eines demokratischen deutschen Nationalstaats. Dieses z. B. eint die Widersacher GOTTSCHED und LESSING auch in der Konsequenz: Zur Aus-

prägung der Nationalidee und zur Erziehung der sie tragenden gesellschaftlichen Gruppen dient u. a. das Theater als Institution mit entsprechender Organisation, mit einer neuen Bühnen- und Schauspielkunst und einer den gesellschaftlich-politischen Zielen dienenden dramatischen Literatur. Von GOTTSCHEDS Eintreten für eine deutsche Schaubühne bis zu LESSINGS Nationaltheater führt in Verbund mit den berühmten Prinzipalen und Schauspielern (von C. Neuber bis C. Ekhof) ein einheitlicher Weg durch die deutsche Literaturgeschichte des 18. Jhs. Kunst dient der Nationalidee und der individuellen Mündigkeit derer, die sie tragen sollen. Der Weg gelingt durch Erziehung. An dieser hat u. a. die Literatur teil durch gezielten Einsatz ihrer spezifischen künstlerischen Mittel zwecks Erreichung von Teilzielen innerhalb des großen Zusammenhangs.

So ist Katharsis als Zweck des Dramas und Erziehungsmittel des Nationaltheaters zu erklären als Reinigung der vermischten leidenschaftlichen Empfindung *Mitleid und Furcht* am Ende des Trauerspiels. (Wir verzichten hier auf die Darstellung des in Theorie und Wissenschaft jahrhundertelang ausgefochtenen Disputs zur Interpretation der entsprechenden Stelle in ARISTOTELES' Poetik). LESSING fasst im 78. Stück zusammen: Alle Literatur soll den/die Menschen **bessern** (im o. g. Sinne), aber allein das Trauerspiel hat die Aufgabe Mitleid und Furcht zu erregen um Mitleid und Furcht zu reinigen. **Diese Reinigung beruht in nichts anderem als in der Verwandlung der** [= **dieser!**] **Leidenschaften in tugendhafte Fertigkeiten.** Die Tragödie, wenn sie die Affekte in dauerhafte Tugend verwandelt, muss beides erwirken: ein Zuviel an Mitleid/Furcht mildern, ein Zuwenig an Mitleid/Furcht in der Seele des Menschen verstärken. Die Katharsis steuert das Verhalten des Menschen nach dem Prinzip der Angemessenheit mit dem Ziel von Standfestigkeit und Gefasstheit in seinem individuellen und gesellschaftlichen Bereich. In diesem Sinne ist *Tugend* ein Schritt zu Mündigkeit, zur Kompetenz frei bestimmter Lebensgestaltung.[70] Bei der fortdauernden Betonung des Mitleidsaspekts (bei Integration von Furcht in den Begriff) bleibt festzuhalten: Die Förderung der Mitleidsfähigkeit als Aufgabe theatralischer Erziehung an den Menschen ist der Kerngedanke in der *HAMBURGISCHEN DRAMATURGIE.*

Der mitleidigste Mensch ist der beste Mensch[71] zeigt als Postulat eine Linie von LESSING über den Sturm und Drang zu GEORG BÜCHNERS Hoffnung auf das **soziale Mitleid**[72] (Lenz: **Man muß die Menschheit lieben, um in das eigenthümliche Wesen jedes einzudringen, es darf einem keiner zu gering, keiner zu hässlich seyn, erst dann kann man sie verstehen**). Am Horizont steht die Dialektik des Mitleids in den Stücken

Bertolt Brechts von der *Massnahme*, der *Heiligen Johanna der Schlachthöfe* zu Shen Te, dem *Guten Menschen von Sezuan*. Zweifelsohne ergänzt ein Vergleich der Dramen- und Theaterkonzeptionen bei Lessing und Brecht unter dieser Perspektive den Bezugsrahmen erheblich und relativiert das Gegensatzpaar *aristotelisch – episch* bzw. *geschlossen – offen* zu einem eher äußeren Kennzeichen.

Das *Emilia Galotti*-Kernproblem, d. i. des Dramas Identifizierung mit der *Hamburgischen Dramaturgie* als deren Realisierung in der dramatischen Praxis, ist ungelöst. Angemessen ist also Auseinandersetzung und nicht voreilige Wertung. Zumindest die hier denkbaren (und in der Rezeptionsgeschichte nachgewiesenen) Extreme sind fragwürdig: *Emilia Galotti* ist weder Anschauungsobjekt für das praktische Funktionieren einer Theorie (Kritik: Das Werk ist deshalb höchstens als Funktionsträger interessant) noch zeigt es die Unfähigkeit des Literaturtheoretikers Lessing als Dichter (Kritik an der Wirkungslosigkeit der *Hamburgischen Dramaturgie*). Valenz bzw. Ambivalenz beider Werke erfordern vielmehr den kritischen Vergleich auf der Basis eigener Versuche im Unterricht. Die klare Schrittfolge des 32. Stücks und die dort genannten (und von uns kommentierten) Argumente bilden eine übersichtliche Grundlage zur Gegenüberstellung mit dem Drama. Dazu bietet dieser Abschnitt die notwendigen Materialien und Perspektiven.

3.3 »Emilia Galotti«: Szenarium und Interpretationsskizze

Die folgende Dokumentation des Dramas verbindet Szenenübersicht mit Interpretationsskizzen im Verbundkonzept.[73] Sowohl die jeweils zentrale Gehaltsanalyse wie der damit korrespondierende dramaturgische Befund sind als Interpretationsentwürfe der kritischen Diskussion bzw. der Korrektur bedürftig, sofern im Unterricht die Schwerpunkte (methodisch/inhaltlich) anders gesetzt werden. Die Darstellungsform der Skizze soll dieses unterstreichen. Auch die thesenhafte Zusammenfassung nach den Aktschlüssen dient dem offenen Prinzip der Analyse. Darin hat auch die im vorigen Abschnitt vermiedene Einschätzung des Verhältnisses *Hamburgische Dramaturgie – Emilia Galotti* ihren Platz – auch hier aber eher in der Form der jeweiligen Problemstruktur als in bündigen Resultaten, die unserem eigenen kritischen Ansatz sowie der Lehre aus der Rezeptionsgeschichte nicht gerecht würden.

Szene	Haupt- personen	Handlung	Zentrale Thematik	Anmerkungen zur dramaturgischen Konzeption
I 1	Prinz	Regierungspflichten in Konflikt mit der subjektiven Befindlichkeit. Die Gräfin Orsina ist in der Stadt. Ein Brief von ihr wird abgegeben.	Harmonisierung des Außen (Geschäft) und des Innen (Gefühl): Bittschrift – **Gewährt.**	Extrem konzentrierte Exposition. Prinz – Emilia (Bruneschi → Galotti) – Orsina – Marinelli: Personenkonstellation und Beziehungsstruktur.
I 2–4	Prinz Conti	Vorstellung der Porträts von Orsina und Emilia. Der Prinz lehnt das Bild der Orsina ab und preist das Porträt Emilias, der er vor Wochen das erste Mal begegnet ist.	Kunstdiskussion: der Mäzen und der Künstler, Kunst- und Naturschönheit (Bild und Abbild), Gefühl und Verstand (**Stirn** und **Herz**) = Konkretisierung des Innen und Außen.	Primat der Handlung, gestische Kommunikation (**Mit dem Finger auf die Stirne/auf das Herz**). Konkretisierung der dramatischen Beziehungsstruktur: Emilia Galotti – **ein Engel** ↔ Odoardo – **Er ist mein Freund nicht.**
I 5	Prinz	1. Zusammenfassung: Schwärmerei des Prinzen.	Besitz des Bildes – Besitz der Abgebildeten.	Brückenmonolog: verweist auf Marinelli, er wird die Stimmung desillusionieren, das Gefühl zerstören.
I 6	Prinz Marinelli	Bevorstehende Hochzeit Prinz – H. v. Massa, Appiani – E. G. Marinellis Plan in Doppelstrategie: Zeit gewinnen und Überfall arrangieren.	Politische Liaison – Mätresse – Liebe (Herzogin von Massa, Orsina – E. G.) Herrschaft – Freundschaft – Dienstbarkeit – Hörigkeit.	Umklammerndes Motiv (zu V, 8): **Stoß mir den Dolch ins Herz,** erstes erregendes Moment: Herr (Gewalt), Kabale = der Plan = steigende Handlung.
I 7	Prinz	**Geseufzet hab ich lange genug** – Eigener Intrigenplan (Kirchgang).	Verbindung von Gefühl und Intrige, Disharmonisierung von Innen und Außen.	Desillusionierung der Erwartungen von der harmonischen Verbindung von Oben (Prinz) und Unten (E. G.), Verunsicherung des Zuschauers.

Szene	Haupt-personen	Handlung	Zentrale Thematik	Anmerkungen zur dramaturgischen Konzeption
I 8	Prinz Camillo Rota	Regierungspflichten in Konflikt mit der subjektiven Befindlichkeit (s. I 1). Rota verhindert die Besiegelung des Todesurteils.	Amoralische Konsequenz des Bruchs von Innen und Außen. Todesurteil – **Recht gern.**	Neuorientierung am dramatischen Typus des Tyrannen, Schrecken statt Hoffnung, Vorausdeutung auf III ff.

Zusammenfassung: rastlose Entfaltung von Thesenkonzeptionen auf der Ebene des Hofes, Folgen von Erwartungen und Zurücknahmen in ständiger Retardation des zentralen Themas um die Titelfigur Emilia Galotti, deren Einführung in ständigen Andeutungen und Meinungen bewusst diffus bleibt. Der Expositionscharakter ist z. T. linear (auf die Prinz-Emilia-Handlung hinführend), z. T. kaleidoskopisch, ohne Richtungsbewegung (Situationsperspektiven).

Szene	Haupt-personen	Handlung	Zentrale Thematik	Anmerkungen zur dramaturgischen Konzeption
II 1–2	Claudia Odoardo	Odoardo überprüft den Stand der häuslichen Hochzeitsvorbereitungen. Er ist zu Hause nur ein flüchtiger Besucher und vermisst Emilia.	Das Innen und Außen der Familie Galotti – Außen (die Garnison): Odoardo, Beruf, Autorität, Ordnung, Ungeduld – Innen (das Haus): Claudia, Haushalt, Fürsorge, Geselligkeit, Ruhe.	Exposition der Familienstruktur. Handlungsverknüpfung mit I 7 (Kirchgang) und Spannungssteigerung: **Ein Schritt schon ist genug zu einem Fehltritt.**
II 3	Pirro Angelo	Verschwörung der käuflichen Mörder.	Die *dienende* Aufgabe des Intriganten eskaliert zur Gewalttätigkeit als anderer Form der Dienstbarkeit.	Zweites erregendes Moment: Andeutung der Entführung Emilias, Mitteilung verdeckter Handlung: Marinelli ist bei der Durchführung des Plans: Vorausdeutung.

Szene	Haupt-personen	Handlung	Zentrale Thematik	Anmerkungen zur dramaturgischen Konzeption
II 4	Odoardo Claudia	Erziehungsproblematik, Verhältnis Odoardo – Prinz, Erinnerung. Die Eltern diskutieren über die bevorstehende Hochzeit. Das zerrüttete Verhältnis zwischen Odoardo und dem Prinzen wird deutlich. Claudia berichtet von der Vegghia, bei der der Prinz und Emilia sich kennen gelernt haben. Odoardo erkennt sehr klar die Tragweite dieses ersten Kontaktes.	Vier Orte menschlichen Lebens: – *Sabionetta:* Tugend, Strenge, Sicherheit – *das Stadthaus:* Kommunikation, Gesellschaft, Esprit – *Landgut in Piemont:* Einkehr, Rückzug in die gefühlsbestimmte Subjektivität – *das Haus der Grimaldi:* Zerstreuung, Galanterie, sittliche Gefahr.	Einbringen vorzeitiger Handlung (erste Begegnung Prinz – E. G. bei den Grimaldi), drittes erregendes Moment: Ehrauffassung und cholerische Züge bei Odoardo, Diskrepanz des Innen (Vaterliebe) und Außen (Pflichtbewusstsein des Familienvorstands).
II 5	Claudia	Zweite Zusammenfassung: zunehmende Sorge der Mutter.	Gegensatz Familie – Hof in Bezug auf Emilia.	Brückenmonolog: verweist auf Emilia und die Unfreiheit ihres Handelns.
II 6	Emilia Claudia	Bericht von der Begegnung mit dem Prinzen in der Kirche – Wirkung auf Emilia mit zweifacher Schuldübernahme in der Gedankensünde und gegenüber Appiani. Die Mutter kann beschwichtigen.	**Und sündigen wollen auch sündigen.** Die starren Tugendideale verhindern hier eine sachliche Problemabwägung in der Lebenspraxis.	Erster Auftritt der Titelfigur. Viertes erregendes Moment: Anerzogenes Tugendideal und Verlobung machen eine Verbindung mit dem Prinzen und einen Ausgleich zwischen Innen (Gefühl) und Außen (Moral) unmöglich – aber Retardation: Der Konflikt wird durch Vermittlung Claudias aufgeschoben.

Szene	Haupt-personen	Handlung	Zentrale Thematik	Anmerkungen zur dramaturgischen Konzeption
II 7	Emilia Claudia Appiani	Begegnung Emilia – Appiani. Hochzeitsvorbereitungen, Emilias Traum. Am Ende die wohl einzige glückliche Situation im Drama: Beide freuen sich auf die Hochzeit.	Perspektivenwechsel des Innen und Außen; Empfindsamkeit und Lebensbewältigung (Flucht); Freude – Glückseligkeit – Tiefsinn – Schwermut.	Szenisch-thematische Variation: Vorausdeutung (Perlen – Tränen; die Rose).
II 8	Claudia Appiani	Appiani kündigt einen Höflichkeitsbesuch beim Prinzen an. Die Stimmung ist wieder depressiver. Claudias Sorge nimmt zu.	Der Handlungsfaktor *Zeit* wird thematisiert: In pausenloser Abfolge sich zuspitzender Gegenhandlung erscheint die Dauer bis zur Hochzeit am Abend als eine Ewigkeit.	Spannungssteigerung: Appiani will den Prinzen von seiner Hochzeit mit Emilia unterrichten.
II 9–10	Marinelli Appiani	Appiani lehnt den Kurierauftrag des Prinzen ab, ein Duell mit Marinelli kann in letzter Minute vermieden werden.	Die Zeit lässt keine Ruhe. Marinellis Intrigenplan scheitert, es bleibt die Lösung durch Gewalt; Appiani ist unfähig die drohende Gefahr zu erkennen.	Hastende Handlung in rastloser Zeitfolge, äußerste Spannungssteigerung: Der Konflikt drängt zur gewaltsamen Lösung.
II 11	Claudia Appiani	Appiani drängt zum Aufbruch. Hektik kommt erneut auf und verstärkt sich.	Der Subjektivismus Appianis erfüllt sich in der Selbstgenügsamkeit des scheinbar gemeisterten Konflikts.	Motivgegensatz: Innen = Unruhe, psychische Gespanntheit, Hast. Außen = gefasste Ruhe, Angst – Selbstbeherrschung.

Zusammenfassung: Mit Odoardos hastender Ungeduld am Morgen ist die Zeit der tragende Spannungsfaktor. Nicht die *Einheit* der Zeit ist hier maßgeblich, sondern der rasende Zeitfortschritt, der den Menschen keine Besinnung erlaubt und sie untauglich macht zu Erkenntnis und Gegenwehr. Die Fügung des Geschicks ist nicht mathematisch konstruiert (s. SCHLEGEL), sondern in pausenlosen Zeitschritten strukturiert. Die Zeit erscheint psychisch in zunehmender Nervosität und Fassungslosigkeit. Politisch-gesellschaftliche Kompetenz im Außen wird durch Hysterisierung des Innen verhindert. Der Akt, auf der Familienebene der Galotti, verläuft linear in zunehmend steigender Handlung, zugleich variationstechnisch in der Analyse des Innen (Odoardo, Emilia, Appiani).

Szene	Haupt-personen	Handlung	Zentrale Thematik	Anmerkungen zur dramaturgischen Konzeption
III 1	Prinz Marinelli	Verhältnis Herrscher – Höfling, Tat und Verantwortung, der Überfall. Marinellis Plan Zeit zu gewinnen ist fehlgeschlagen. Es bleibt nur die Gewalt (der Überfall).	Die rasende Zeit überrascht auch den Prinzen und nimmt ihm Besonnenheit und Freiheit der Entscheidung. Die Verantwortlichkeit jedoch bleibt. Der Prinz wird, so gesehen, ebenfalls Opfer der sich zur Gewalt verselbständigenden Intrige.	Beginn der Peripetiephase, der den gesamten III. Akt umspannt. Teichoskopie (Marinelli berichtet vom Fenster aus über das sonst nicht sichtbare, gleichzeitige Geschehen).
III 2	Marinelli Angelo	Hergangsschilderung des Überfalls, Unklarheit über das Schicksal Appianis, Emilias und der Mitreisenden. Ist Appiani nur verletzt oder tot?	Spätestens hier Abbruch der Handlungslinie *Bürgerliches Trauerspiel.* Die Gewalttat offenbart das spezifische Machtprinzip der feudalen Klasse; Peripetie = radikale Desillusionierung der Zuschauererwartungen: Der Ausgleich der Klassengegensätze ist eine leere Hoffnung.	Brückenmonolog, Botenbericht, Spannungskonzentration in der Peripetiephase (Ungewissheit bis III 8), Bruch und Korrektur der Zuschauererwartungen.
III 3	Marinelli Prinz	Emilia flüchtet auf das Schloss zu, der Prinz ist unfähig sie nach dem Rat Marinellis zu empfangen. Feigheit und schlechtes Gewissen hindern ihn daran.	Zusammenfassend von III 2: Aus dem Konflikt der Zuneigung und Gefühle ist durch den Bruch ein Konflikt der Mächtigen und Ohnmächtigen geworden, hier noch überspielt durch Larmoyanz des Prinzen.	Exposition der neuen dramatischen Situation Emilias: Furcht vor dem Missbrauch der staatlichen Macht zur Demütigung des Individuums.
III 4	Marinelli Emilia	Ankunft Emilias im Lustschloss Dosalo, weitere Verstrickung in den Intrigenplan Marinellis. Emilia glaubt seinen Lügen und ist dankbar für die Hilfe, die in Wahrheit nur Taktik ist, sie an den Prinzen zu binden.	Emilia spürt am Ort der höfischen Galanterie ihre existenzielle Unfähigkeit; sie will fliehen und ruft nach dem Schutz der Familie.	Der neue dramatische Ort: Dosalo; erste Thematisierung des dramaturgischen Prinzips *Fügung* (Präzision des linear fortschreitenden Handlungsplans) durch sein Gegenmotiv *Zufall* auf Handlungsebene.

Szene	Haupt-personen	Handlung	Zentrale Thematik	Anmerkungen zur dramaturgischen Konzeption
III 5	Marinelli Emilia Prinz	Erste Begegnung Prinz – Emilia nach dem Treffen in der Kirche. Emilia reagiert hilflos und naiv auf die galanten Äußerungen des Prinzen und schweigt zu den angekündigten *Entzückungen* der Verführungstaktik.	Das Innen (Tugend) im Konflikt mit dem Außen (höfische Welt, Galanterie) wird gebrochen durch Verführung: Emilia folgt dem Prinzen **nicht ohne Sträuben** in seine Privatgemächer.	Der vorgebliche Zufall wird als Teil der Intrige erneut aufgenommen (Prinz); der dramatische Ort Dosalo, Lustschloss, gewinnt seine innere Bedeutung: Als Ort der weltlichen Freuden ist er ein Ort der Sünde, ihn zu betreten heißt in der Sichtweise Emilias der Verführung unterliegen.
III 6	Battista Marinelli	Claudias Ankunft kündigt sich an. Menschen verachtender Zynismus Marinellis in seiner brutalsten Äußerung: **Sie hören alle auf zu schreien, wenn sie nicht mehr können.**	Die höfische Kabale unterstreicht durch Zynismus das moralisch Anstößige der Situation; zum ersten Mal erscheint die politische Potenz *Volk* als Partner der Unterdrückten.	Erstes retardierendes Moment: Claudia naht mit **Allem, was in dieser einsamen Gegend von Menschen ist.**
III 7–8	Claudia Marinelli Battista	Claudia berichtet als Augenzeugin vom Tod Appianis und erkennt die Intrige in allen Planzügen. Und: **Der Name Marinelli war das letzte Wort des sterbenden Grafen.** Claudia erkennt die Situation, in der Emilia sich gerade befindet, und stürzt in die hinteren Gemächer.	Die Hoffnung und die Kraft des Volkes wird zerstört. Claudia als die Einzige der Familie mit gesellschaftlicher Kompetenz erkennt folgerichtig als Einzige den wahren Zusammenhang, kann ihn formulieren und die Schuldigen benennen. Die Übermacht der Affekte (ihr ständiges Schreien) allerdings verhindert Besonnenheit.	Ende der Peripetiephase: Aus dem Zweifel wird Gewissheit: Appiani ist tot; die Intrige mit ihren Konsequenzen liegt offen zutage – Spannungsumbruch: Vorausdeutung auf Odoardo, auf den Automatismus der systembedingten Rache in der Vaterfunktion.

Zusammenfassung: In den acht Szenen des III. Aktes verlaufen Peripetie und Konzeptionskorrektur des Dramas parallel. Die Höhepunkts- und Umschlagsphase der Handlung auf das Ende hin (final konzipiert als synthetisches Lösungsdrama zur Fürstenerziehung) ist zugleich eine Desillusionierung der bis dahin aufgebauten Zuschauererwartungen und bricht um in die Analyse von der Unmöglichkeit des sozialen Ausgleichs von Oben und Unten aus Unfähigkeit ihrer Repräsentanten.

Szene	**Haupt-personen**	**Handlung**	**Zentrale Thematik**	**Anmerkungen zur dramaturgischen Konzeption**
IV 1	Prinz Marinelli	Nach dem Misslingen der Intrige: Erörterung der Schuldfrage. Scheinheilig weist der Prinz jegliche Mitschuld von sich. Noch scheinheiliger fühlt sich Marinelli in seiner Ehre getroffen. Denn der Überfall sei ein **zufälliger Unfall** gewesen.	Nach dem Schema der Feudalstruktur delegiert der Prinz nicht nur die Tat, sondern auch Schuld und Verantwortung; er ist unfähig zum politisch verantwortlichen Handeln und selbst Opfer seines Handelns (Vollmacht an Marinelli [s. I6]. Begegnung mit Emilia in der Kirche).	Motiverweiterung: **Vorsatz und Zufall: Alles ist eins:** Verdrängung der Schuld durch ein konstatiertes Geschick von außen.
IV 2	Battista Prinz Marinelli	Ankündigung der Orsina. Sofort verbünden sich der Prinz und Marinelli wieder zu Kumpanen.	Die Analyse der Situation bedarf einer *dritten Person:* Unruhe und Furcht des Hofes bei der Ankündigung der Gräfin Orsina lassen diese als solche Person erkennen.	Exposition der *dritten Person* als einer richtenden Stimme der Öffentlichkeit (diese Hoffnung wird am Ende des Aktes völlig desillusioniert.)
IV 3	Orsina Marinelli	Orsina will unter Berufung auf ihren Brief (I 1) den Prinzen sprechen und reagiert angesichts des erhaltenen, aber ungelesenen Briefes **heftig, minder heftig** und **wehmütig und eine Träne aus dem Auge wischend.** Regieanweisungen Lessings übernehmen hier also die Charakteristik der Orsina.	Liebe, gedemütigte Ehre und analytischer Verstand der Orsina sind mächtiger als das Höflingsdenken Marinellis. Er ist der intellektuellen Analyse unterlegen.	Der scharfe analyische Verstand demaskiert die Zufallsideologie als taktischen Unsinn – aber gerade dort, wo wirklich Zufall am Werke war (ungeöffneter Brief I 1), Folge: Der Zuschauer wird deutlich irritiert.

Szene	Haupt-personen	Handlung	Zentrale Thematik	Anmerkungen zur dramaturgischen Konzeption
IV 4–5	Prinz Marinelli Orsina	Veranlasst durch IV 4 berichtet Marinelli von den Ereignissen, deren Vorgeschichte die Orsina teils kennt, teils entwickelt; Orsinas Gedanke zur Veröffentlichung des Verbrechens **auf dem Markt** lässt für einen Moment an politischen Widerstand – Aufruhr – denken.	Nach Claudias Ahnung (III 8) nun die intellektuelle Rekonstruktion von Plan und Gewalt, begleitet von Hass und Rachegedanken der verstoßenen Geliebten. Erneuter Hinweis auf den potenziellen Gerechtigkeitsfaktor *Volk*.	Das Problem Vorsehung – Zufall wird leitmotivisch erneut vertieft: Mehr aus Zufall hat die Orsina von der Begegnung Prinz – Emilia in der Kirche erfahren. Das ermöglicht ihr den jetzt geltend gemachten Zufall als Vorsatz zu erkennen. Kurzes retardierendes Moment.
IV 6	Odoardo Orsina Marinelli	Marinelli will das Zusammentreffen von Odoardo und der Gräfin verhindern, doch er ist wiederum der intellektuellen Kraft der Orsina unterlegen.	So wie die Mächtigen ihre Strategie als Zufall ausgeben, diffamieren sie die Wahrheit als Wahnsinn. Marinelli handelt völlig programmgemäß im Sinne des Despotismus.	Spannungskonzentration: Intellekt und Rache (Orsina), dazu Tatkraft, physische Stärke und Ehre (Odoardo) könnten vereint zur strafenden Gerechtigkeit beitragen.
IV 7	Orsina Odoardo	Orsina bringt mit psychologischem Geschick Odoardo auf ihre Seite. Seiner Sinne nicht mehr mächtig, nimmt er den angebotenen Dolch um den Prinzen zu ermorden. Orsinas Darstellung der Geschehnisse ist korrekt, aber auch taktisch gelenkt um Odoardo zum Racheakt am Prinzen zu gewinnen.	Mit planmäßigem Egoismus setzt die Gräfin ihren Spürsinn und ihr ganzes intellektuelles Vermögen ein um Odoardo in den Zustand entfesselter Affekte zu versetzen. Er soll ihr Werkzeug sein zur Befriedigung persönlicher Rachegelüste. Die **Stimme der** Öffentlichkeit versagt, sie ist in Wahrheit so intrigant wie die des Hofes. Sie handelt nach Art der **schalen Tragödie** (V 8).	Die Hoffnung wird sofort enttäuscht: Ein politisch angemessener Widerstand kann nicht stattfinden. Es bleibt nur noch die politisch unwirksame Tat im Affekt, also Zerstörung statt Veränderung.

Szene	Haupt-personen	Handlung	Zentrale Thematik	Anmerkungen zur dramaturgischen Konzeption
IV 8	Claudia Odoardo Orsina	Bestätigung des Berichts durch Claudia; Festsetzung des Rachegedankens bei Odoardo in äußerlich erzwungener Ruhe; Claudia kehrt mit der Gräfin in die Stadt zurück, Emilia soll in die Obhut der Schutzzone Sabionetta.	Wiederaufnahme des Ruhe-Motivs (s. II 11). Wie dort ist die Ruhe nicht Ausdruck der Besonnenheit und Verantwortung, sondern die lähmende Empfindung der bis zum Äußersten gesteigerten Affekte vor dem Ausbruch.	Die Ruhe in den Entscheidungen Odoardos fördert lähmenden Schrecken beim Zuschauer, dieser wird in den V. Akt übertragen. Es ist die nervige Ruhe vor dem Sturm.

Zusammenfassung: Der IV. Akt versucht eine dramatische Variante: Die Unerreichbarkeit des Ausgleichs zwischen Oben und Unten, also des gesellschaftlichen und individuellen Harmonisierungsideals durch Moral und Erziehung, ist durch Überfall und Mord endgültig besiegelt. Die Variante versucht Klärung und Wiederherstellung der Gerechtigkeit von außen. Eine *dritte Person* über den Beteiligten analysiert und urteilt: die Gräfin Orsina. Sie könnte Stimme einer potenziellen Öffentlichkeit sein (s. IV 5, Plan der Anklage auf dem Markt sowie ständig spürbare Angst des Hofes vor dem Bekanntwerden des Geschehens nach draußen) und mit der Stärke des Intellekts und kommunikativ überragender Kompetenz einen Machtfaktor im Dienste der durch die Öffentlichkeit vertretenen Gerechtigkeit darstellen. Die Variante misslingt total. Die Fähigkeiten werden nicht nur nicht gesellschaftlich genutzt, sondern zur egoistischen Befriedigung missbraucht unter Ausbeutung der Bedingtheiten anderer Menschen. Verzweiflung und pessimistische Passivität angesichts von so viel Hoffnungslosigkeit beherrschen von nun an das Drama. Die Sinnlosigkeit des Opfers jeder Art wird durch die Perspektivenvariante des IV. Aktes offenbar und auf V übertragen.

Szene	Haupt-personen	Handlung	Zentrale Thematik	Anmerkungen zur dramaturgischen Konzeption
V 1	Marinelli Prinz	Weiterplanung der Intrige angesichts der neuen Situation. **Vorwärts! denkt der Sieger: es falle neben ihm Feind oder Freund** heißt die neue Parole im kommenden Konflikt mit Odoardo.	Die Kabale des Despotismus demaskiert sich selbst: Sie argumentiert mit Freund-Feind-Denken des Eroberungskrieges zum Zwecke des *bon plaisir.*	Fortführung der Ruhe- und Zufallmotivik angesichts bevorstehenden offenen Ausbruchs und der Unumstößlichkeit der Pläne = psychische Spannungssteigerung.
V 2	Odoardo	Odoardo korrigiert seine Absichten: Die Rettung Emilias hat Vorrang vor der Rache. Quälende Alpträume (nach Art der Macbeth-Geschichte) mögen den Prinzen wirkungsvoller bestrafen.	Das patriarchische Prinzip zeigt sich deutlich in seiner naiven Unfähigkeit: Rettung des Innen *(gekränkte Tugend)* und Schutz der Familie gelingen nicht ohne Standfestigkeit und Stärke nach außen. Der Appell an Moral und Gewissen der Mächtigen ist nichts als eine selbstgenügsame Schutzbehauptung zur Vertuschung eigener Schwäche.	Kernmonolog mit retardierender Funktion.
V 3	Odoardo Marinelli	Odoardos Plan Emilia nach Sabionetta zu bringen wird von Marinelli infrage gestellt: **Der Prinz entscheide.**	Folgerichtig ist Odoardo der Unterlegene, noch ehe es zur Auseinandersetzung kommt.	*Guastalla:* Die Symbolik des Ortsmotivs wird vorausweisend verstärkt als Ort der Gefährdung aus der Sicht familiärer Introvertiertheit.
V 4	Odoardo	Odoardo will sich durchsetzen, baut auf Standfestigkeit und zwingt sich mit äußerster Anstrengung zur Ruhe vor dem Entscheidungsdialog.	Die anarchisch-revolutionäre Idee (**Wer kein Gesetz achtet** [...]) weicht sofort der systemstabilisierenden Bürgerpflicht: **Ruhig, alter Knabe, ruhig.**	Brückenmonolog; Handlungsinkompetenz Odoardos wird verstärkt betont und fördert Hoffnungslosigkeit beim Zuschauer.

Szene	Haupt-personen	Handlung	Zentrale Thematik	**Anmerkungen zur dramaturgischen Konzeption**
V 5	Odoardo Marinelli Prinz	Odoardo unterliegt allen Forderungen in der Unterwürfigkeit des gehorsamen Bürgers. Mit dem Ziel Emilia von ihren Eltern zu trennen erfindet Marinelli die widerlichste aller Lügen: Emilia habe es vielleicht neben Appiani noch mit einem zweiten Liebhaber getrieben, der dann seinen Nebenbuhler A. beim Überfall ermordet habe.	*Sabionetta, Kloster, Guastalla, Kerker, Haus der Grimaldi:* Die vorgeschlagenen Orte zeigen alle auf ihre Weise (in ihrem symbolischen Befund) Emilias Unmöglichkeit weiterzuleben: Erziehung, Tugend, Moral und die lebensnotwendige Kraft zum Gesellschaftlichen sind nicht in Einklang zu bringen – die Orte stehen dafür stellvertretend.	Über Emilias Schicksal wird verhandelt, ihre Abwesenheit unterstreicht dieses szenisch: Sie ist ein Spielball widerstreitender Prinzipien dargestellt an gegensätzlichen Symbolorten des so gesehenen Lebens; Aufhebung des letzten Rests von Retardation: Odoardo erkennt in der Verzweiflungstat seine letzte Chance zur Prinzipientreue.
V 6	Odoardo	Letztes Abwägen der Möglichkeiten des Handelns. Er erkennt, was ihm einzig noch als Handlung bleibt. In wahnsinniger Angst davor will er durch seine Flucht retten, was gerade noch zu retten ist. Doch da stürzt Emilia herein. Der Zwang zur Katastrophe ist unaufhaltsam.	Die Schwäche in der Kraft zur Entscheidung wird über Selbstmitleid zur unsteuerbaren Stärke der affektiven Fähigkeiten.	**Das Spiel geht zu Ende** in der Katastrophe der Verzweiflungstat oder als **alltägliches Possenspiel** derer, die es nicht wert sind, für sie das Äußerste zu tun, die Erkenntnis ist **grässlich,** der Zufall (Emilia kommt) zwingt zur Notwendigkeit des Handelns; Odoardos Entscheidungsmonolog reflektiert in wenigen Worten die Kernthematik der HAMBURGISCHEN DRAMATURGIE (bes. 32. Stück).

Szene	Haupt-personen	Handlung	Zentrale Thematik	Anmerkungen zur dramaturgischen Konzeption
V 7	Odoardo Emilia	Emilias Tod	Die Prinzipien der Bourgeoisie sind nicht praktikabel, sondern in höchster Steigerung lebenstötend. Sie spielen sich gegeneinander zerstörend aus. Die Szene zeigt dieses Schritt für Schritt aus der moralisch-sittlichen Enge der bürgerlichen Vater-Tochter-Beziehung heraus und kennzeichnet solche Prinzipien und eine entsprechende Lebenspraxis als lebensuntauglich und somit als veränderungsbedürftig, sodass der tragische Schluss vermeidbar würde: **Theater der Hoffnung!**	Katastrophe: Schrecken und Widerspruch mit dem Ziel des Protestes und der Veränderung durch die Zuschauer. Das leitmotivische Wechselspiel von Ruhe – Unruhe (Besonnenheit und Aufbegehren) gelangt zu seiner abschließenden Durchführung. Das Zitat ersetzt die Sprachlosigkeit im unverstandenen Handeln.
V 8	Emilia Odoardo Prinz Marinelli	Epilog als Bewertung der Tat unter Wiederholung der bekannten Standpunkte. Odoardo hofft auf ein gerechtes Urteil **vor dem Richter unser aller.** Der Prinz fühlt sich weinerlich-sentimental von seinem Hofschranzen verraten, in dem **ein Teufel** steckte.	Alle bleiben, was sie immer waren. Es gibt dramenimmanent keinen Erkenntnis- und keinen Lernprozess, – wohl aber für die Zuschauer, wenn sie das Theater verlassen und *nach draußen* gehen.	Abbruch des Spiels (nicht Lösung nach Muster der **schalen Tragödie,** Strafe und Wiederherstellung der Gerechtigkeit) – d. i. Verweigerung der Nemesis mit Appellfunktion an den Zuschauer zur Opposition, also Störung der Katharsiswirkung durch Ansprache an Intellekt und politisches Bewusstsein zum Zwecke der Veränderung.

3.4 Ein politisches Drama?
Stoff – Produktion – Uraufführung – Reaktion

Auch die folgenden Aspekte sind nur unter dem Vorbehalt der kritisch abwägenden Reflexion für die Verstehensanalyse in Anspruch zu nehmen. Dennoch ergänzen sie als Informationsmaterialien notwendig Szenarium und Interpretationsskizze, weil sie das Drama in seinen damals aktuellen Kontext stellen und zeitgenössisches literarisches Leben dokumentieren, an dem das Drama teilhat. In der LESSING-Forschung wird insbesondere unter diesen Aspekten die Frage der politischen Dimension der *EMILIA GALOTTI* diskutiert.

Ersten Aufschluss scheint der Vergleich des Dramas mit seiner Quelle aus der römischen Geschichte zu geben:[74] dem Bericht des Livius in *AB URBE CONDITA*, wo in der Zeit der Decemvirn ein Vater seine Tochter Virginia umbringt um sie vor dem Zugriff des Usurpators und vor der Schande zu retten. Diese Opfertat führt zur Revolte des Volkes und am Ende sind, ausgelöst durch jenen Vorfall, Volkstribunat und *provocatio* (Anruf zur Rechtsprechung durch die Volksversammlung) wieder hergestellt.

LESSING verlegt die Handlung aus dem politisch-historisch datierbaren Abschnitt der römischen Geschichte in einen sehr viel weniger klaren Zeitpunkt zu Beginn der Neuzeit. Hettore Gonzaga, Prinz von Guastalla, ist eine von LESSING erfundene Figur, sein italienisches Duodezfürstentum zwar historisch und geographisch nachweisbar, aber ohne eigentlichen Bezug zum Thema. Wichtiger ist dieses: LESSING verzichtet in seinem Drama auf den in der Quelle entscheidenden politischen Kern, nämlich die zweite Hälfte der historischen Legende. Erklärt schon der Vater seine Kindestötung als Verzweiflungstat im Namen von Freiheit und Demokratie, so zielt der Bericht schwerpunktmäßig auf die Darstellung der auf die Tat folgenden Geschehnisse, nämlich den Aufstand des Volkes, die Bestrafung des Schuldigen und die Wiederherstellung der Gerechtigkeit im Staate. Icilius, der Verlobte Virginias, ist an herausragender Stelle an den Aktionen gegen den Tyrannen beteiligt.

Dieser eindeutige Befund verbietet im Vergleich zu LESSING die Herausstellung der *EMILIA* als eine Tragödie *in tyrannos*. Aber ist das schon Grund genug, den Weg der Analyse der unvereinbaren Gegensätze von Herrschsucht der Feudalherren und Ohnmacht der unteren Stände, also der politischen Interpretationen, ganz aufzugeben?

LESSING selbst beteuert von Anfang an, dass nur das Schicksal der Virginia als Individuum ohne den staatspolitischen Kontext der Überlieferung sein Interesse gefunden habe. Schon 1758, nach der Anlage der ersten Fassung, berichtet Lessing an Nicolai, dass er den Stoff **von allem dem abgesondert habe, was ihn für den ganzen Staat interessant machte.**[75] Was den Autor zu jener Zeit hinderte die damals dreiaktige Fassung zu publizieren ist unbekannt. Erst zu Beginn der Hamburger Zeit kommt es Briefinformationen Lessings zufolge zu einer erneuten Bearbeitung als **Spielfassung**, wiederum ohne Absicht der Veröffentlichung. Mehr Informationen gibt es zu dieser Hamburger Variante nicht. Die uns bekannte Fassung entsteht am Hof des Herzogtums Braunschweig ab Ende 1771. Trotz Enttäuschungen und gesellschaftlicher Schwierigkeiten nach gut einem Jahr als Leiter der herzoglichen Bibliothek in Wolfenbüttel gelingt die Arbeit zunächst zügig. Die ersten drei Akte sind zur Jahreswende fertig. Die Zeit eilt, Lessing möchte das Stück zu Ehren der Herzoginwitwe im März 1772 uraufführen lassen. Diese hatte ihn, **sooft sie mich noch gesehen, um eine neue Tragödie gequält.**

Ab Ende Januar entsteht im Schaffensprozess eine zunehmend spürbare Unruhe. Grund ist offensichtlich nicht nur die drängende Zeit, vielmehr spiegeln Lessings Briefe seit Januar eine immer größer werdende Unsicherheit in der Produktion (besonders beim V. Akt) sowie ganz erhebliche Zweifel an der Zweckmäßigkeit der bevorstehenden Uraufführung im Rahmen der Geburtstagsfeierlichkeiten am Hof.

25. Jan.: Zum zweiten Mal drängt Lessing seinen Bruder Karl (der Korrektur liest und den Erstdruck vorbereitet) zur Stellungnahme und Kritik zu den ersten drei Akten, ebenso sei Eile geboten für die Drucklegung; an demselben Tage schickte er an seinen Berliner Verleger Voß ebenfalls die Bitte um Kritik, zugleich äußert er sich aber noch skeptischer als in dem Brief an den Bruder: **Je näher ich gegen das Ende komme, je unzufriedner bin ich selbst damit. Und vielleicht gefällt Ihnen auch schon der Anfang nicht.**

3. Febr.: Endlich antwortet der Bruder, zunächst voll Lobes über die Sprache des Dramas und die Wahrhaftigkeit der Charaktere. Es folgt, freundlich verschlüsselt, eine Kritik an der Titelfigur, die sich (mit den Maßstäben der *Hamburgischen Dramaturgie*) als außerordentlich erheblich herausstellt: Emilia ist zu passiv, ihre Frömmigkeit zu zeitentrückt, zu **local** gegenüber dem Milieu der Großstädte und sie hat zu wenig Verstand – **für die edlen Personen des Trauerspiels unter der Würde desselben.** Alles komme nun auf die beiden letzten Akte an, die noch nicht in Berlin vorliegen. Das heißt nichts anderes, als dass die **Theorie des vermischten Charakters** und damit die **innere Wahrscheinlichkeit** in des Bruders Einschätzung auf dem Spiele stehen.

10. Febr.: Lessing verteidigt sich gegenüber dem Bruder. Aber seine Argumente scheinen herbeigesucht, apologetisch, ohne den Kern

von Karls Kritik zu treffen. Kein Wort zu seiner eigenen Dramentheorie. Vertröstung auf den V. Akt: **Am Ende wird denn auch freylich der Charakter der Emilia interessanter und sie selbst thätiger.** Bangende Hoffnung bezüglich der Aufführung: **Doch es sey mit dem allen, wie es wolle; wenn das Stück nur im Ganzen Wirkung hervorbringt.**

1. März, zwölf Tage vor der Premiere: LESSING schickt den Schluss des Dramas an Karl Lessing nach Berlin. Wieder erbittet er Kritik, zugleich aber begegnet er vorab möglichen Einwänden, den Schluss betreffend, mit fast denselben Worten wie vor knapp 15 Jahren anlässlich der ersten Fassung. **Du siehst wohl, daß es weiter nichts als eine modernisirte, von allem Staatsinteresse befreyete Virginia seyn soll.**

Inzwischen gibt es handfesten Ärger mit dem Prinzipal der Theatergruppe, die das Stück für den 13. März einstudiert. K. T. Döbbelin, einer der berühmten Theaterleiter des 18. Jhs., fordert mit Nachdruck die Aushändigung des V. Aktes. LESSING scheint das mehr oder weniger absichtlich zu verzögern. Erst als Döbbelin androht das Drama selbst zu Ende zu schreiben gibt LESSING nach und überreicht den Text.

Anfang März wendet sich LESSING an den Prinzregenten selbst um ihn mit Bedacht auf die Aufführung vorzubereiten bzw. schon vorher von ihm Reaktionen mit Signalwirkung zu provozieren. Ganz deutlich wird: LESSING wäre nichts lieber als einen Anlass zur Verhinderung der Aufführung zu finden bzw. vom Herzog zugespielt zu bekommen. Hektik und Zweifel erreichen einen Höhepunkt. LESSING muss ernsthaft befürchten, dass das Drama auf aktuelle Verhältnisse am Braunschweiger Hof (Intrigen und Mätressentum) bezogen wird. Er schiebt entgegen der Wahrheit Döbbelin als Initiator des Plans zur Aufführung vor, den er gegen vorgeblich besseres Wissen nicht abweisen mochte. Merkwürdig, der Buchdruck wird forciert, noch ehe das Drama fertig ist (LESSING legt dem Herzog die Korrekturbögen bis zum IV. Akt vor, kurz danach erscheint die erste Buchausgabe), die Aufführung hingegen wird mit allen möglichen Argumenten zu verhindern gesucht. LESSING ist mit Rücksicht auf den Hof, die kritischen Einwände der Freunde und eigene Zweifel in einer kaum auflösbaren Zwangslage. Um das Schlimmste zu verhüten beteuert er nun auch gegenüber dem Regenten eine unpolitische Absicht mit dem Stück, **welches weiter nichts als die alte römische Geschichte der Virginia in einer modernen Einkleidung seyn soll.**

12. März: Karl Lessing teilt seine erste Gesamteinschätzung des Stückes mit: Er ist jetzt voll des Lobes über *EMILIA GALOTTI.* Seine nur einen Monat alten Einwände lässt er aus der Kenntnis des Schlusses nun nicht mehr gelten, was im Ganzen nicht recht überzeugt. Sicherlich ist mit dem Lob auch die Absicht verbunden den Bruder in schwieriger

Lage zu ermutigen. Sozusagen aus zweiter Hand bringt er dennoch einen kritischen Aspekt zur Sprache, der in der LESSING-Rezeption bis in unsere Zeit hinein von Bedeutung bleiben sollte. Moses Mendelssohn habe gesagt, so Karl Lessing, **der Prinz, der scheint im Anfang thätiger und tugendhaft und am Ende ein unthätiger Wollüstling**[76]. Der hiermit konstatierte Bruch in der Figur ist in der Tat nur schwerlich zu erklären, obwohl Karl sofort anschließend behauptet, er teile diese Kritik überhaupt nicht: Des Prinzen Tugend sei durch das ganze Stück nicht grundsätzlich bestreitbar, sie halte nur eben im zweiten Teil der Probe nicht stand. Nicht der Charakter sei schuld, sondern die besondere Situation, die außergewöhnliche Konstellation (die Forschung sagt später: das Milieu), welche die Schwachheit des tugendhaften Charakters zeige ohne aber diesen selbst infrage zu stellen. Die LESSING-Forschung kommt bis zur Gegenwart in diesem Problem keinen eigentlich entscheidenden Schritt weiter.[77]

13. März: Tag der Uraufführung. In einer Nachricht vom Tage aus CLAUDIUS' Zeitschrift ***Wandsbecker Bothe*** wird die Spannung vor Beginn noch einmal ganz deutlich. Braunschweig ist in einem ungewöhnlichen, nicht genau definierbaren Premierenfieber; der eigentliche Anlass, der Geburtstag der Landesmutter, tritt dabei stark in den Hintergrund. **Alle Liebhaber der Bühne sind in der ungeduldigsten Erwartung, umsomehr, da Herr Leßing es niemandem von seinen hiesigen Freunden hat lesen lassen.** – Was war der Grund dafür, wo doch LESSING noch vor einem Monat gegenüber dem Bruder geklagt hatte, ihm fehle in Braunschweig-Wolfenbüttel das notwendige kritische Echo?

Der Abend bringt unbestrittenen Erfolg. *EMILIA GALOTTI* hat die Probe auf dem Theater bestanden, nicht zuletzt durch den vollen künstlerischen Einsatz der Truppe von Karl Döbbelin, der selbst den Odoardo spielt. Wie groß der Erfolg wirklich ist, bleibt hingegen schon wieder fragwürdig. Der ***Wandsbecker Bothe*** berichtet von **außerordentl. Beyfall,** LESSINGS Braunschweiger Vertrauter, der Gymnasialprofessor J. A. Ebert, teilt hingegen, eingebettet in eine Huldigung LESSINGS als deutscher SHAKESPEARE, mit: **Nachdem der Vorhang niedergelassen war, wurde von mir und einigen Mitverschworenen dem glorwürdigen Verfasser zu Ehren geklatscht.** Der Erbprinz sei inkognito zugegen gewesen und habe mehr im Textbuch gelesen als zugeschaut – trotz der hervorragenden schauspielerischen Leistung.

Wie ist das zu verstehen? Das Merkwürdigste aber ist dieses: LESSING selbst, der doch nach eigenem Bekunden das Stück der Herzoginwitwe zu Ehren fertig stellte, bleibt der Aufführung fern. Nur zwei Straßen vom Hoftheater entfernt wartet er ab mit der fadenscheinigen Begründung, er könne sein Zahnweh nicht der Kälte aussetzen. Auch die folgenden Aufführungen besucht er nicht. Mehr noch: In einem ausgesprochen kühlen Brief an F. Nicolai (22. April) schreibt LESSING: **Ich danke Gott, daß ich den ganzen Plunder** (gemeint ist die Diskussion um das Stück) **nach und nach wieder aus den Gedanken verliere [...] Ich habe in dieser Absicht wohl noch mehr geahnt: Ich habe der hiesigen Vorstellung nicht ein einzigesmal beygewohnt.** Deutlicher kann sich ein Autor von seinem Werke nicht distanzieren. War es Taktik aus politischer Notwendigkeit, literarische Selbstkritik oder bestimmten nur neue Produktionspläne die Verdrängung?

Die literarische Öffentlichkeit nimmt *EMILIA GALOTTI* mit großem Engagement auf. Sehr schnell nach der Uraufführung übernehmen die wichtigsten Theaterstädte das Stück, gespielt von den führenden Theatertruppen der Zeit. Die literarische Kritik gibt sich viel Mühe dem Stück gerecht zu werden. Aufklärer und die neue Dichtergeneration sind sich weitgehend in der Würdigung des Stückes einig, ebenso aber auch in der Unsicherheit gegenüber seinen Fragwürdigkeiten: Ein seltener Einklang in der Zeitenwende zur neuen Epoche der Empfindsamkeit und des Sturm und Drang.

Hat der Schriftsteller K. W. Ramler das Stück richtig verstanden, wenn er diese Botschaft als Motto formuliert: **Und nun gelangt zur Einsicht, ihr Könige! Laßt euch erziehen, ihr, die ihr über die Erde Richter seid!**[78]? Ist des Stückes Aussage nicht eher eine Warnung vor dem blinden Vertrauen auf Fürstenerziehung (d. i. Ausgleich der Standesgegensätze durch Erziehung und Einsicht im Sinne der Humanität) als politischer Utopie, aus Mangel an Realitätssinn?

Und: Welche Bedeutung hat es am Ende von GOETHES *DIE LEIDEN DES JUNGEN WERTHERS* (1774), wenn es dort über den durch Selbstmord sterbenden Werther heißt: **Die Lunge röchelte noch fürchterlich, bald schwach, bald stärker; man erwartete sein Ende. Von dem Weine hatte er nur ein Glas getrunken. *EMILIA GALOTTI* lag auf dem Pulte aufgeschlagen.** – Ist es nur Zeitgeschmack, Kolorit, was GOETHE veranlasste an so zentraler Stelle des Romans auf LESSINGS Trauerspiel zu verweisen? Oder sind Emilia und Werther Seelenverwandte, denen es nicht gelingt, private Empfindungsintensität in gesellschaftliche Kraft und Willensstärke, in Selbstbehauptung und Engagement umzuwandeln? Wem denn unter den Zuschauern gilt der Spiegel des Dramas zwecks Selbsterkenntnis und Veränderung? Sollen die Mächtigen sich ändern angesichts des Leidens derer, die ihrer Willkür ausgesetzt sind, oder sollen gerade die Untertanen ihre **selbstverschuldete Unmündigkeit** (KANT) im Spiegel des Dramas erkennen und endlich reagieren, anstatt ihre Leiden in privater Empfindsamkeit zu pflegen?

Das Für und Wider der politischen Intention des Stückes im Sinne der Tyrannenkritik und der Bloßstellung des Feudalsystems bleibt bestehen. Sprechen der Vergleich mit der LIVIUS-Quelle und die Heranziehung von LESSINGS eigenen Äußerungen gegen solche Absichten, so stehen die unmittelbare Entstehungsgeschichte, die Merkwürdigkeiten im Rahmen der Uraufführung und danach eher dafür.

Zwei Quellen seien abschließend erwähnt, die das Für und Wider noch einmal deutlich herausstellen.

Schulte-Sasse gibt einen außerordentlich überzeugenden Hinweis, der uns schon früher beschäftigte:[79] Im Jahr der Uraufführung äußert sich J. Mauvillon in einer ausführlichen Rezension (s. S. 27 dieser Arbeit) zu *EMILIA GALOTTI*. Er kommt zu negativem Ergebnis. Wichtiger ist: Der Verfasser ist einer der bekanntesten Staatswissenschaftler und Politiker der Zeit (u. a. Zusammenarbeit mit Mirabeau), Militärberater und Lehrer in Hannover, Kassel und Braunschweig, dennoch progressiver Reformdemokrat. In der gesamten Rezension findet sich aber nun kein einziges Wort, kein noch so versteckter Hinweis auf eine politisch-gesellschaftliche Reformkraft des Stückes, ganz zu schweigen von antifeudalistischen Tendenzen in engerem Sinne, auch nicht in negativo. Da Mauvillon in der Literaturkritik als erfahren gilt, kann weder Zufall noch interpretatorisches Unvermögen die Ursache sein.

Durzak hingegen zitiert zum Beweis für LESSINGS Fähigkeit und Mut zur politischen konkreten Willensäußerung einen Brief an Nicolai nach Berlin (25. 8. 1769):

> **Sonst sagen Sie mir von Ihrer Berlinischen Freiheit zu denken und zu schreiben ja nichts. Sie reduziert sich einzig und allein auf die Freiheit, gegen die Religion soviel Sottisen (Dummheiten) zu Markte zu bringen, als man will [...] Lassen Sie es aber doch einmal einen in Berlin versuchen, über andere Dinge so frei zu schreiben als Sonnenfels[80] in Wien geschrieben hat; lassen Sie es ihn versuchen dem vornehmen Hofpöbel so die Wahrheit zu sagen, als dieser sie ihm gesagt hat; lassen Sie einen in Berlin auftreten, der für die Rechte der Untertanen, der gegen Aussaugung und Despotismus seine Stimme erheben wollte, wie es jetzt sogar in Frankreich und Dänemark geschieht: und Sie werden bald die Erfahrung machen, welches Land bis auf den heutigen Tag das sklavischste Land von Europa ist.**

Ist das aber auf *EMILIA GALOTTI* übertragbar und sei es auch mit Wenn und Aber?

3.5 Ein bürgerliches Trauerspiel?

Die Frage nach dem Drama als bürgerliches Trauerspiel ist schon in der Interpretationsskizze angeschnitten worden. Der Sachverhalt ist uneinheitlich. Dabei ist weniger von Bedeutung, wie präzise im soziologischen und ständepolitischen Sinne die Bürgerlichkeit der Galotti nachgewiesen werden kann. Entgegen landläufiger Meinung ist eine spezifische Schichtenzugehörigkeit der dramatis personae für das bürgerliche Trauerspiel des 18. Jhs. nicht vorrangig, nicht einmal maßgeblich. (Nur mit dieser Einschränkung lässt sich eine Geschichte des bürgerlichen Dramas in Deutschland schreiben.) Solche Dramen sind folgerichtig eben nicht in erster Linie sozialgeschichtliche Dokumente zur Entstehung des modernen Bürgertums, sondern künstlerische Produktionen eigener Art im Kontext des bürgerlichen Erscheinungsbildes.[81] Lessing interessiert in der *Hamburgischen Dramaturgie* mehr die dramaturgisch-pragmatische Konsequenz in Bezug auf die Standesproblematik in der dramentheoretischen Diskussion des 18. Jhs.: Zur Erreichung der Ziele und Zwecke der Tragödie kommt es entscheidend auf die Zeichnung der Charaktere und den Handlungsverlauf an, die Standeszugehörigkeit der tragischen Figuren und die Theoreme von Fallhöhe und Ständeklausel sind dabei sekundär (ein zu großer Abstand dramatis persona – Zuschauer verhindert die Wirkung des Dramas, s. z. B. 14. und 75. Stück).[82]

Schon für das erste deutsche bürgerliche Trauerspiel, Lessings nicht nur deswegen gerühmte *Miss Sara Sampson*, stellt z. B. die Untersuchung von K. Eibl mit Nachdruck fest: **Entscheidend ist nicht, dass statt adeliger Figuren bürgerliche auftreten, sondern dass das Ethos, von dem das Drama getragen wird, *bürgerlich* ist.** Das Bürgerliche dieses Dramentyps **entwickelt sich in der *Lessing*-Zeit weg vom Begriff für ein Ständisch-Besonderes hin zum Begriff für ein Menschlich-Allgemeines. Dieser begriffsgeschichtliche Wandel ist Ausdruck einer sozial- und ideologiegeschichtlichen Wende. An eben dieser Wende ist das bürgerliche Trauerspiel angesiedelt und damit erhält der Begriff *bürgerlich* in unserem Zusammenhang notwendig etwas mehrdeutig Schillerndes.**[83] Das gilt für *Emilia Galotti*, 17 Jahre nach *Miss Sara Sampson*, umso mehr.

Das Bürgerliche ist zu begreifen **im Wortverstand von *mitmenschlich-privat-moralisch-gefühlvoll*.** Als Trauerspiel erfüllt dieses Drama seine Funktion die Mitleidsfähigkeit der Zuschauer zu intensivieren, **indem es die moralische Vollkommenheit im *Unglück*, den tugendhaften Menschen im *Leiden* zeigt.**[84] In der politischen Illusion von der Harmonisierung der Standesgegensätze von Oben und Unten gelingt Fürstenerziehung durch Humanisierung ihrer Gefühle, ihres Denkens und öffentlichen Handelns im Bewusstsein der **sich fühlenden Menschlichkeit**[85]. Diesen allen Menschen – ob Adel oder Untertanen – gemeinsamen Grundgedanken versucht das Drama mit allen seinen Mitteln zu verstärken, d. h. erzieherisch einzuüben. Das ist der eigentliche Zweck des bürgerlichen Trauerspiels der LESSING-Zeit und sein politischer Auftrag zugleich: **Fürsten werden Fürsten bleiben und alle deutsche Menschen freie Menschen werden.**[86]

Schulte-Sasse fasst den Sachverhalt so zusammen:

> **In der Dichtung ließ sich dieses Programm vor allem durch die typisch empfindsame Personenkonstellation des bürgerlichen Trauerspiels erreichen, in deren Zentrum in der Regel (ob unter Einschluß des ersten oder zweiten Standes ist dabei prinzipiell unerheblich) eine ihre reflexive Innerlichkeit kultivierende Personengruppe steht, deren statisch reflexive Seelenlage durch Intriganten gestört wird.**[87]

Aber die nach solchen Kriterien des bürgerlichen Trauerspiels ausgerichtete Erwartungshaltung der Zuschauer wird in *EMILIA GALOTTI* nur von I 1 bis I 6 erfüllt. Ab I 7 wird das Verhältnis des Zuschauers zum Drama gebrochen, fortan werden Fürstenerziehung und Ausgleich zwischen den Ständen als utopisches Wunschdenken konsequent desillusioniert. Schulte-Sasse:

> **Die einzigen Nachklänge an diese bürgerlich emanzipatorischen Illusionen in der *EMILIA GALOTTI* sind der Prinz bis Szene I 6 und die Gestalt des Grafen Appiani, der bedeutungsvollerweise als erster von der Maschinerie der Ereignisse zerstört wird.**

Der Zuschauer wird von jetzt ab mit der Wirklichkeit konfrontiert. Das **Spiel vom bürgerlichen Trauerspiel** ist, kaum begonnen, gescheitert (wie bei BRECHT das Spiel vom *GUTEN MENSCHEN VON SEZUAN* scheitert). Die Welt der tugendhaften Innerlichkeit von Liebe und Moral wird, auf die Probe gestellt, preisgegeben, der Prinz fällt zurück in das politisch-intrigante Handeln der Feudalklasse. Der reale Standesgegensatz macht die anderen als die Ohnmächtigen zu Opfern. Einer **sich fühlenden Menschlichkeit** aller stellt sich die Unmenschlichkeit der einen gegen die anderen entgegen. Ob nach I 6 (Schulte-Sasse) oder nach dem Überfall und Appianis Tod (wie viele andere Interpreten meinen) – das bürgerliche Trauerspiel des *MISS SARA SAMPSON*-Typs bricht ab, ein anderes Stück beginnt. In dem damit drastisch sichtbar gemachten Gegensatz der Stände wird ein spezifischeres Klassenbewusstsein provoziert, was sich vor allem als Appell gegen bürgerliche Passivität und Larmoyanz politisch deuten lässt. Konsequent schließt Schulte-Sasse: **Der im literarischen Modell eingefangene Pes-**

simismus signalisiert revolutionäres Bewußtsein in statu nascendi.[88] K. S. Guthke: **Das bürgerliche Drama hat sozialpolitische Sprengkraft entwickelt.**[89]

Damit schließt die Erörterung zum bürgerlichen Trauerspiel an die Thematik der *Emilia Galotti* als politisches Drama im vorigen Abschnitt an.

Auch der Anschluss zum zweiten Problemkreis ist damit hergestellt: 200 Jahre Kritik, Forschungs-, Theater- und Schulgeschichte nehmen die Thematik auf, bilden eine Brücke zu uns, überantworten uns das Drama und damit seine und ihre Fragen.

Verwundern sollte uns das spätestens jetzt nicht mehr, denn das Stück hat keine Lösung, welche uns das Urteil vorgibt oder zumindest erleichtert. Mehr noch: Vielperspektivischer Bruch, Widerspruch und Provokation sind Grundbestandteile des dramatischen Wirkungskonzepts der *Emilia Galotti*. Insbesondere der Schluss des Dramas ist in seiner Substanz offen, und zwar ohne Taktik oder die methodische List der vorbereiteten Antwort wie im offenen Drama B. Brechts.[90] Wir müssen nicht nur reagieren, sondern zunächst agieren, wenn wir das Drama verstehen wollen. Das macht die Beschäftigung mit ihm mühsam, aber auch dynamischer auf der Suche nach der eigenen Entscheidung. Wenig hilfreich wäre dabei die Vorgabe einer *geschlossenen* Interpretation, die Problemlösungskonzepte anbietet und die Widersprüchlichkeit als dramatisches Grundprinzip dabei übersieht.

3.6 Funktion der Sprache

Der Aufklärungsoptimismus, falls je sonst bei Lessing vorhanden, gerät in *Emilia Galotti* in das scharfe Urteil kritisch-analytischen Denkens. Statt Fortschritt ins Ungewisse Bestandsaufnahme mit dem Willen zur Korrektur. Was so für Erziehung, Politik, Religion und Morallehre, Gesellschaft, Literaturtheorie und literarische Praxis gilt, bezieht sich konsequenterweise immer auch auf das Medium Sprache. Sprache im Sinne der dramatischen Sprachverwendung in *Emilia Galotti* fordert heraus zur Sprachkritik. Sprache ist hier auf Spielebene nicht kommunikations-, handlungs- und erkenntnisfördernd, sondern gerade in den entscheidenden Momenten der dramatischen Entwicklung Mittel zur Beherrschung und Täuschung. Sie verhindert so Selbstbestimmung bei den Handelnden und wendet sich in übertragenem Sinne gegen einen naiv optimistischen Emanzipationsgedanken der deutschen Aufklärung vor der Jahrhundertmitte, die gerade in der Förderung der sprachlichen Kompetenz eine ihrer zentralen Aufgaben (auch im national-demokratischen Sinne) sah. Wir entfalten diese Perspektive im Einzelnen:

B. v. Wiese schreibt 1952 einen die Textsorte Drama im Kern bestimmenden Aufsatz: **Gedanken zum Drama als Gespräch und Handlung.**[91] Seine Thesen haben bis zur Gegenwart ihre Geltung behalten, sind vielfältig von der Dramenforschung aufgenommen und unter gegenwärtigen linguistischen Perspektiven fortentwickelt worden, etwa mit identischen Ausgangspunkten bei R. Zobel: **Der Dramentext – ein kommunikatives Handlungsspiel.**[92]

B. v. Wieses Thesen lauten zusammengefasst:

(1) **Das Wesen des Dramas ist Gespräch.** In der Dialogie, im wechselseitigen Verhältnis von Ansprache und Zuhören untereinander und auf komplexe Weise unter Einbezug des Publikums entfalten die Spielfiguren den dramatischen Vorgang. (Auch der Monolog, in diesem Sinne als Gespräch mit sich selbst verstanden, ist seiner Denkstruktur nach Dialog.)

(2) Das widerspricht nicht der aristotelischen Bestimmung vom Wesen des Dramas als Handlung, genauer: als Vergegenwärtigung *(Nachahmung)* von Handlung in der unmittelbaren Präsentation auf der Bühne, also als Spiel. Damit aus Handlung Bühnenhandlung wird und Struktur annimmt von einem Anfang zu einem Ende, mit dramaturgischer Konzentration und in einer begrenzten Zeit, bedarf es eines *Motors*, eines Steuerungselements. Der Motor der Handlung, die dadurch von einem prägnanten Moment ab zum *Geschehen* wird, ist das Gespräch. Das Gespräch setzt Affekte frei, löst dadurch allererst Handlungen aus, schafft je neue Situationen, neue Erkenntnisse, neue Widersprüche und entwickelt von Szene zu Szene stärker die Notwendigkeit einer Lösung.

(3) **Das dramatische Gespräch ist aber Dialektik.** Diese liegt in dem fortschreitenden Spannungsverhältnis zwischen Position und Gegenposition und in dem Wechselverhältnis von Gespräch und Tat, **als Umschlag von einem zum anderen, vom anderen zum einen.** Voraussetzung dafür ist *Zwischenmenschlichkeit,* ist das im Grundsatz nicht angezweifelte Verhältnis der Partnerschaft in einer spezifisch dramatischen Kommunikationssituation, das in der Gegensätzlichkeit dialektisch durchstritten wird – aber auf der Ebene eines gemeinsamen Fundaments. Dieses zeigt sich gerade im **Zwischen** von Rede und Gegenrede, Aktion und Reaktion. Dieser **zwischenmenschliche Bezug**[93] ist die eigentliche Voraussetzung für die dramatische Kategorie Dialog/Gespräch: **Auf jeden Fall setzt es Gemeinschaft voraus. Denn auch der echte Streit ist noch Verständigung durch Entgegensetzung** auf der Basis einer **gemeinsamen Welt.**

(4) Diese Bestimmungen gelten für den Dramentyp zwischen Renaissance und Idealismus, den wir das klassische, agonale Drama nennen.

(*EMILIA GALOTTI* bedarf also der Überprüfung unter dieser Optik, welche auch uns die Richtung weist.) In der nachklassischen Zeit (und schon bei H. v. KLEIST) verändern sich die Kategorien und Bezüge und markieren so eine neue Phase in der Dramengeschichte. **Zum Worte tritt jetzt der Mimus** – und das nicht zufällig und zusätzlich (als Spielelement hat er natürlich schon immer seine dramatisch-theatralische Funktion), sondern er ersetzt in bestimmten Fällen mehr und mehr die sprachliche Kommunikation. Der Dialog verliert, so gesehen, mehr und mehr seine Funktion der zwischenmenschlichen Aussprache und wird monologisch. In einer bestimmten Entwicklungslinie des Dramas reden schließlich die Partner aneinander vorbei, der *monologische Dialog* wird so zur Vorstufe zum Verstummen der Sprache im Drama, zur Funktionalisierung des Schweigens als neuer, vom geschichtlichen Ausgangspunkt her extrem entgegengesetzter dramatischer Kategorie in Teilbereichen der Dramatik des 20. Jhs. Hier ist dann vielfach das Ungesagte wichtiger als das Gesagte, **das Schweigen spricht seine eigene bedeutungsvolle Sprache.** Im Verbund mit Mimik, Gestik, Pantomime verlagert sich dramatische Kommunikation immer mehr auf den nonverbalen Bereich. Das Gespräch hingegen verhüllt das Eigentliche, verhindert Verständigung und gibt eine kommunikative Situation vor, wo in Wahrheit Isolation und Egozentrik vorherrschen. In Konsequenz stellt B. v. Wiese so diese Frage an die Gegenwart: **Wo ist noch die Welt, die sich in gemeinsamer Rede – im Gespräch – aufbaut?**

Ist eine solche Welt, der Geschichte der dramatischen Kategorie *Gespräch* entsprechend, in *EMILIA GALOTTI* noch vorhanden? Welche Funktion hat hier – in Spiegelung an v. Wieses Thesen – die Sprache tatsächlich?

Sprachuntersuchungen gehören auch dort, wo es sich nicht um Versdramen handelt, zu den schwierigsten Themenbereichen von Unterrichtseinheiten zum klassischen Drama. Insbesondere das Sprachbarrierenproblem zwischen dem fern liegenden Text und den Schülern der Gegenwart ist ein bedrückendes Hindernis. Dabei wirkt es heute wenig motivierend, den hohen Rang der literarischen Kultursprache im Drama LESSINGS, die Qualität der rhetorisch-ästhetischen Kraft in der Sprachausdruckskunst herausarbeiten zu wollen und ggf. mit einer unterstellten Sprachverarmung in der Gegenwart zu konfrontieren. **Wenn es schon der alte Goethe beklagte, daß wir wieder Barbaren geworden seien verglichen mit Lessings Kultur, so dürfte er gerade die strenge Kunst der Sprache und der Form im Auge gehabt haben.**[94] Das ist gleichsam ein Leitgedanke von Schulinterpretationen zu LESSINGS Drama. Unbestritten bleibt die in solchen Prämissen ausgesprochene

Wertung zu LESSINGS Stellung in der Geschichte der Literatursprache. Doch wir gehen einen anderen Weg.

Wir verstehen die Sprache des Dramas nicht, mögen die Schüler von heute sagen. – Verstehen denn die Dramenfiguren selbst ihre Sprache? Immerhin geben die Hauptverantwortlichen an der tragischen Entwicklung ja gerade verbale Missverständnisse zur Erklärung vor. Der Konflikt aufseiten der Herrschenden ist sprachlich angelegt und Verantwortlichkeit schließlich sprachlich vertuscht: Der Prinz hat angeblich alles so nicht gesagt und schon gar nicht gewollt. Marinelli hat vorgeblich alles ganz anders verstanden und korrekt befehlsmäßig gehandelt (I6 → IV 2). Sprachlich getäuscht, also durch das Medium Sprache manipuliert, fühlen sich beide und die Effizienz der Sprachtäuschungsmanöver in Verbindung mit Macht hat erhebliche Bedeutung für das Geschehen. Am Ende ist es wieder sprachliche Larmoyanz, mit der sie wirkungsvoll ihr Schicksal beklagen und in Wahrheit nur dem jeweils anderen die Schuld zuweisen wollen. Der eine beklagt sein Los als Befehlsempfänger (III 1, IV 1), der andere in schäbiger Pathetik sein missbrauchtes Vertrauen durch einen Teufel in Freundesgestalt (Schlusssatz des Dramas), als wenn niemand die unmenschliche Sachlichkeit seines Ausspruchs noch im Ohr hätte: **Und es ist meine Art, daß ich Leute Dinge verantworten lasse, wofür sie nicht können!** (III 1). Beide, der Prinz und Marinelli, zeigen sich im Drama in geradezu perfekter Sprachkompetenz. Sie missbrauchen sie zur Maximierung von Macht klar berechnend und situationsangemessen in der jeweiligen Lage: sprachlicher *bel esprit* (**Das Vornehmste: Die Kunst zu gefallen, zu überreden** -. III 3) oder *Zuhälterjargon* (über Emilia: **Waren, die man aus der ersten Hand nicht haben kann, kauft man aus der zweiten – und solche Waren nicht selten aus der zweiten um so viel wohlfeiler.** I6) – Ausgefeilte Taktik einer geradezu vollkommenen Sprachbeherrschungsstrategie, der alle anderen unterlegen sind und die selbst dann noch wirkungsvoll bleibt, als sie sich gegen die Verursacher selbst zu wenden scheint. Wirkliche sprachliche Interaktion im Sinne des erkenntniserweiternden Gesprächs gibt es auch bei den anderen Spielfiguren selten. Missverstehen aus Unfähigkeit des Widerstandes gegenüber Taktiken oder Doktrinen bestimmt vielfach die dann kaum noch Kommunikation zu nennende Verständigung unter den Mitspielern. Appiani versteht Marinelli völlig falsch, als er ihm in scheinbarer Großzügigkeit den Aufschub des Duells anbietet (II 10), er kann ihn auch gar nicht verstehen, weil seiner Kommunikation der Innerlichkeit die Diplomatie des Intriganten wesensmäßig fremd ist. Odoardo missversteht die eigentlichen Intentionen der Orsina völlig, er wird geradezu zum Spielball ihrer

Redestrategien in IV, sodass Marinelli und der Prinz in V **leichtes Spiel** mit ihm haben und de facto nur noch mit einem zusätzlichen Wort reizen müssen: **Das Haus der Grimaldi** (V 5). Beinahe in Konsequenz reden auch Vater und Tochter in den entscheidenden Szenen am Ende des Dramas aneinander vorbei. (Von der Lähmung selbst bestimmter Entscheidungen durch die Macht der Verbalinspiration und der Ersatzsprache im Zitat wird noch in der zusammenfassenden Interpretation am Schluss die Rede sein.) In besonderer Herauskehrung dieser Beobachtung ist zusammenzufassen: An entscheidenden Stellen sind die Menschen des Dramas auch sprachlich isoliert, sie verstehen nicht des anderen Sprache, weil sie sie nicht verstehen können oder wollen. Es gibt dort im Sinne B. v. Wieses kein Gespräch, kein Miteinander, kein kommunikatives *Zwischen.* Das Ergebnis ist weithin Lähmung, Unfähigkeit, der Entwicklung zu einem leidvollen Ende wirkungsvoll entgegenzutreten. Braucht es zu dieser Feststellung eines weiteren Beweises, so liegt er darin: Es ist aufschlussreich, das Drama auf die erstaunlich zahlreiche Verwendung des Wortes *Zufall* hin zu untersuchen. Immer da, wo sich die Ereignisse zusammenballen, wo die Intrigen ans Licht kämen, wird mit dem Wort *Zufall* alles zugedeckt und der Analyse entzogen. Die jeweilige Einschätzung als Zufall führt zur Passivität, verhindert Auseinandersetzung, Erkenntnis und Verhaltensänderung. Es hindert die Menschen am selbstbewussteren Handeln zugunsten der Herrschenden, die mit dem Wort *Zufall* als einer politischen Vokabel der Unterdrückung genüsslich verfahren. Als Sprachrohr Lessings schleudert die Orsina Marinelli und den Zuschauern entgegen: **Das Wort Zufall ist Gotteslästerung. Nichts unter der Sonne ist Zufall** – (IV 3). Hier ist der Höhepunkt der Sprachkritik in *Emilia Galotti*; der Fortschritt von Sprachkompetenz wirkt so lange nicht emanzipatorisch, so lange er sich vornehmlich auf der Ebene der Mächtigen vollzieht, Herrschaft und Unterdrückung werden so nur verstärkt.

Welche Wirkungen das Wort, verantwortungslos gebraucht, verursachen kann, signalisiert unübersehbar bereits der 1. Akt, ganz am Anfang und ganz am Ende: Die Wortidentität der Vornamen einer Bittstellerin (Emilia Bruneschi) und der auserwählten Emilia Galotti veranlasst den Prinzen ohne weitere Prüfung zur Gewährung des Anliegens. Das Wort allein genügt und führt zur Ungerechtigkeit (wenn auch an dieser Stelle zugunsten der Bittstellerin). Am Ende des Aktes wird das Signal geradezu schocktherapeutisch verstärkt, indem die anstehende Besiegelung eines Todesurteils mit der Konversationsfloskel **Recht gern** versprachlicht wird. In beiden Fällen ersetzt das Wort das Nachdenken, verhindern Sprachformeln die Gerechtigkeit. Deren Drastik aber gerät beim

Zuschauer zur Appellfunktion: In ihr entlarvt sich die Inhumanität in der Sprache der Mächtigen, der Zuschauer lernt, dazu auf Distanz zu gehen und die Mechanismen sprachlicher Kommunikation zu durchschauen – dieses umso mehr, als die Menschen des Spiels sich dabei als hilflos erweisen. **Die Welt, die sich in gemeinsamer Rede – im *Gespräch* – aufbaut,** also die Welt, die B. v. Wiese in bestimmten Teilen der modernen Dramatik vergeblich sucht, sie ist schon in *Emilia Galotti* erheblich gestört. Die Kategorie Dialog/Gespräch mit ihren Voraussetzungen erscheint hier bereits partiell gebrochen. Auch insofern entspricht *Emilia Galotti* nicht dem agonalen Typ *klassisches Drama* der Lehrmeinungen.

4 »Emilia Galotti« und die ›offene Dramaturgie‹: Zusammenfassende Thesen

4.1 Fragwürdigkeit als Methode

Wir haben nachzuweisen versucht, dass der herkömmlich enge Interpretationsrahmen der *Emilia Galotti* im Deutschunterricht aus zwei wesentlichen Ursachen zu erklären ist: der wenig legitimierten Identifizierung des Dramas mit der *Hamburgischen Dramaturgie* und der übersteigerten Problematisierung des klassischen Dramas wie der geschlossenen Form der Dramatik überhaupt. Diese Prämissen sind zu einem großen Teil weder geschichtlich noch literaturwissenschaftlich legitimiert.

Wir müssen uns auch in der Didaktik daran gewöhnen, nicht nur von dem Aufklärer Lessing zu reden, sondern das aufklärerisch-kritische Prinzip des Textes selbst zu erkennen, anzunehmen und auf Unterrichtssituationen zu übertragen. Dieses Prinzip lässt sich zusammenfassend so beschreiben: Das Drama stellt und entfaltet Fragen ohne Vorgaben und Hilfen zur Beantwortung, vielmehr überantwortet es sie an den Zuschauer/Leser, der sie als Aufgabe begreift und fortentwickelt. Darin liegt aufklärerische Hoffnung auf Entfaltung von Mündigkeit, die sich noch ganz frei (noch undialektisch) an die Verstehenskompetenz des Gegenübers richtet. Der Deutschunterricht sollte die frei überantwortete Frage als Chance sehen, welche den Schülern Kreativität und unvoreingenommenes Interesse zurückgewinnen kann. Das ist der Hintergrund für unser Beharren auf dem Prinzip des Fragens anlässlich der gesamten *Emilia Galotti*-Analyse. Und wir sind dabei in guter Gesellschaft: Die *Emilia Galotti*-Forschung in der Literaturwissenschaft der letzten Jahre ist – wo überprüft – ausnahmslos auf demselben Wege. Sie bekennt sich zu den nur partiell zu beantwortenden Fragen des Dramas im Prinzip.[95] Alle Aussagen sind als Zwischenresümee in einer wesensmäßigen Open-End-Diskussion zu verstehen. In entsprechender Kürze sind die nachfolgenden Thesen formuliert.

4.2 Grundlegende Perspektiven der Interpretation

Es ging Lessing noch vor Erscheinen des Dramas – bei seinen Erklärungsversuchen zum Stück gegenüber dem Bruder (s. o.) – darum, eines von Anfang an klarzustellen: Der Titel des Dramas bedeute nicht die Interpretation immer nur unter der Optik der zentralen Hauptfigur Emilia Galotti entfalten zu sollen. Ist dieses zunächst als Replik auf den kritischen, dramaturgischen Einwand einer ungewöhnlichen Passivität der Titelfigur zu verstehen, so heißt es doch über jene aktuellen Gründe im Winter 1772 hinaus noch mehr. Nicht nur die anderen dramatis personae des Trauerspiels erhalten nach diesem Hinweis Lessings einen bedeutenderen Interpretationsrang, d. h., der Fixpunkt der zentralen Figur entfällt zugunsten einer Sicht auf eine mehr oder weniger gleichrangige Personenkonstellation. Mehr noch tritt die ausschließliche Dominanz der Figuren überhaupt zurück zugunsten der Situationen, Umstände und Bedingungen, unter denen das Handeln der Personen erst so und nicht anders möglich wird. Das im Titel erschließbare *Figurendrama* (mit den Begriffen Wolfgang Kaysers) wird nach Lessings korrigierendem Hinweis um die Perspektiven des *Geschehens-* und *Raumdramas,* also des Handelns unter den Bedingungen spezifischer Situationen und Verhältnisse erweitert. Diese stellen die Menschen auf die Probe, bedingen ihr Handeln, ihre Schuld und ihr Scheitern, sie geben Einsicht in die Individualität der Figuren und ihre psychogrammatische Struktur. Der soziale Kontext des Dramas wird ihm also nicht von außen zuteil (etwa durch entsprechende moderne Methoden der Literaturanalyse), er ist vielmehr von Lessing von vornherein intendiert. Die Titelfigur bietet dazu den Orientierungspunkt an, sie ist aber nicht der alles andere nivellierende Zielpunkt für den Weg zum Drama.

Bewusst oder unbewusst folgen in freilich unterschiedlichen Akzentuierungen alle relevanten Interpretationen des Dramas diesen von Lessing selbst vorgezeichneten Perspektiverweiterungen. Emilia Galottis Schicksal ist demnach zu sehen unter den von menschlichen Irrtümern, Fehlentwicklungen und Macht-Ohnmacht-Strukturen bestimmten Konfliktpotenzialen.

Politik – Herrschaft – Macht:
Moralische und soziale Dimension zwischen Verantwortung und Missbrauch (Intrige und Unterdrückung)
Familie – Herrschaft – Macht:
Moralische und soziale Dimension zwischen elterlicher Verantwortung/Liebe und Missbrauch (patriarchalische Herrschaft sowie Vorenthalt des sozialen Lebens)
Individuum – Freiheit – Moralsystem:
Moralische und soziale/psychologische Dimension zwischen individueller Entfaltung nach Bedürfnissen und ethisch-dogmatischer Bindung (Schuld, Sünde, Sühne)
Literarische Basis:
Lessing und die Konzeption des (bürgerlichen) Trauerspiels

Historische Basis:
Feudalismus und Entwicklungsstand des Bürgertums im 18. Jh.
Gegenwartsbezug:
Literarhistorische Position des Dramas einschließlich Gehaltsanalyse als Modell möglicher Wirklichkeit von heute im kritischen, historisch differenzierenden Analogieschluss.

In einem solchen Bezugssystem der Einzelperspektiven für sich und untereinander erhält jeder Verstehensprozess zu Lessings *Emilia Galotti* seine Fixpunkte und zugleich seine höchst unterschiedliche Nuance, was häufig den Eindruck von Widersprüchlichkeit der Interpretationsansätze nach außen erweckt.
Alle Figuren mit Ausnahme des Malers sind am Ende des Dramas gescheitert. Die Schuld ist vielfach verteilt, ebenso die frei übernommene oder aufgezwungene Sühne. Emilias tragisches Ende ist nur ein Aspekt der tragischen Gesamtkonstellation des Stückes, wenn auch die sinnfälligste und im Rahmen der Wirkungspoetik erschütterndste. Um das Ideal der Tugend und der dementsprechenden individuellen Integrität sowie das geistig-sittliche Programm ihrer Klasse zu retten opfert Emilia ihr Leben in der Erkenntnis eigener Schwäche. Diese liegt in der Erfahrung von der Verführbarkeit, die an ihr selbst, in ihrer menschlichen Natur liegt. Emilia wird zugleich Opfer der Gewalt von außen. Auch diese geschieht aus menschlicher Schwäche; Odoardo vermag es nicht, patriarchalische Verhaltenszwänge und das familiär-sittliche Dogma zurückzudrängen angesichts äußerster Gefahr: Er handelt rollengemäß, das Ideologem vom unbedingten Schutz der Familie vor den Gefahren der äußeren Welt führt hier zwangsläufig in seine extremste Konsequenz, die Zerstörung der Familie und die Kindestötung. Mit der Tat überträgt sich die Schuld auf ihn, er unterstellt sich der die Gerechtigkeit wiederherstellenden Strafe Gottes. Aus Schwäche auch erwächst die Gewalt vonseiten des Prinzen. Es gelingt ihm nicht, die Liebe, welche ihm im Verhältnis zu Emilia nicht grundsätzlich abzusprechen ist, höher anzusetzen als Begierde und Besitz. Der Einsatz von Macht und Intrige macht ihn zum Verführer, der sein Ziel nur in der Zerstörung erreicht und im Scheitern Stand und Macht als korrumpierbar im politischen Leben erfährt. Selbst Marinelli ist nicht nur der Schurke, das teuflische Gegenprinzip zum Guten, er handelt am unfreiesten, als Funktionsträger im Feudalsystem hörig und auftragsgemäß, er ist zum Erfolg gezwungen – ein angestellter Untertan, verhöhnt und verachtet dort, wo es gilt, Schuld auf ihn zu delegieren um das politische System von der Schuldfrage fern zu halten – Personifikation des Bösen als Tak-

tik der Mächtigen um die Unmöglichkeit der freien sittlichen Existenz des Individuums und der gesellschaftlichen Gruppen nicht in den eigentlichen Ursachen zu suchen.

Die Ahnung von einer grundsätzlichen Bedrohung des Menschen durch die Welt klingt trotz Schuldzuweisung und Schurkenfiguration durch, irgendwie sind alle Figuren des Trauerspiels auch Opfer einer Welt, die so ist, wie sie ist. Gerade die Gräfin Orsina, die missionarisch gegen den *Zufall* zu Felde zieht (s. o.), gerät von einer zufälligen Verwicklung in die andere, bis sie es mitverursacht und mitverantwortet, dass der Dolch statt zur Rache an dem Prinzen zur Kindestötung Verwendung findet. Ihre Rache trifft gerade das Opfer – der, dem die Rache eigentlich galt, spielt sich zum Richter auf. Zufall oder Vorsehung? – Eine Frage steht im Raum des Dramas, kaum merklich existenziell Bedrohliches signalisierend, was alle Menschen betrifft. Hoffnungslosigkeit, eine nihilistisch angehauchte Verzweiflung sind der Boden, aus dem der ethische Entwurf eines **Theaters der Hoffnung** (s. W. Hinck) erwächst. Mit LESSINGS *EMILIA GALOTTI* beginnt ein neuer Abschnitt in der Geschichte der deutschen Tragödie, der damit verbundene Gedanke taucht immer wieder in den Interpretationen des Dramas auf, er wird zum Zentrum der Konzeption in B. v. Wieses Werk: **Die deutsche Tragödie von Lessing bis Hebbel. Tragödie und Theodizee, Tragödie und Nihilismus** (Hamburg 1948). Bei LESSING überwiegt zweifelsohne noch die Zuversicht, dass die Bedrohung der Menschen in der Welt zunächst einmal mit ihrer eigenen Unmündigkeit zu tun habe und durch Aufklärung (d. i. Erziehung zur Mündigkeit), Analyse, Kritik und Veränderung gemindert werden könne.

Doch die dramatisch-dramaturgische Konzeption von *EMILIA GALOTTI* zeigt Auffälligkeiten, die eher auf die Dramatik des 20. Jahrhunderts verweisen als auf die zeitgenössische Tragödie und ihre theoretische Begründung. Die abschließenden Interpretationsschwerpunkte sollen diese These veranschaulichen.[96]

4.3 Szene II 6. Emilias erster Auftritt: Der Anfang vom Ende

Alle mir bekannten Inszenierungen des letzten Jahrzehnts widmen dieser Szene besondere gestalterische Aufmerksamkeit. In Hans Neuenfels' Berliner Produktion (Freie Volksbühne 1987) ist auf dem Proszenium ein riesiger Berg von Waren zur Aussteuer geschichtet, links flankiert von Hygienegegenständen und rechts von einem kleinen Püppchen aus Kinderzeiten. Wie eine Brandmauer steht das Aufgetürmte zwischen den Zuschauern und der auftretenden Emilia, die in wörtlichem Sinne gegen Mauern läuft. Diese Mauer wird sie – wohlverpackt – mitnehmen nach Piemont, in die so verabredete Zukunftsplanung, wenn sie denn eine Chance hätte.

In der Aufführung der Münchner Kammerspiele (Regie: Thomas Langhoff, TV-Aufzeichnung 1984) betritt eine völlig verstörte, ganz und gar hilflose Emilia die Bühne mit den kahlen, hohen Wänden eines spartanisch kargen, gleichwohl großräumigen Wohnzimmers. Wie in Panik flüchtet sie zum Schrank, der einzig in der Leere Geborgenheit verspricht, reißt dessen Tür auf und versteckt sich in ihm. Nach einer Zeit verlässt sie den Schrank zögernd, schiebt sich an den kalten Wänden entlang und berichtet mädchenhaft verstört der Mutter von den Geschehnissen in der Kirche.

Tritt so die Heldin eines klassischen Dramas auf – und dann auch noch zum ersten Mal im Verlauf eines Stückes, das ihren Namen als Titel trägt? Mag sein, dass die Regisseure mit expressiv stark übersteigerten Theaterbildern Aufmerksamkeit erlangen wollten, die doch gleichwohl nicht ohne tiefere Bedeutung ist. Beide intendierten eine theatralische Situation des Absurden, zu der sie der LESSING-Text verleitet. Absurd, zumindest abstrus ist die Situation in II 6 in der Tat: Die Titelheldin tritt zum ersten Mal auf, nachdem das Stück fast schon halb vorüber ist: Es ist ihr Hochzeitsmorgen, und statt glücklich freudiger Erwartung bringt Emilia eine so elend mutlose Tristesse mit auf die Bühne, dass alles zu Eis zu erstarren droht. Ausgerechnet am Tage der Hochzeit fühlt sie Zuneigung zu einem anderen Mann, dieses ausgerechnet in der Kirche (dem Symbolort für Keuschheit und Reinheit in der Glaubenskonzentration) und ausgerechnet bezogen auf jenen Mann, der als Inkarnation der Verwerflichkeit als Liebhaber und Regent steht. Ausgerechnet an diesem Tage versagen in vielleicht einer einzigen Minute das bürgerliche Tugendsystem, das väterliche Aufsichtssystem, die anerzogenen Verhaltensmechanismen, usw. Diese vielleicht einzige Minute hat zur Konsequenz, dass ein Menschenleben und eine Familie zerstört werden – und zwar ohne dass die Beteiligten eine Chance sähen den Verlauf in die Katastrophe aufzuhalten.

Zu erwarten gewesen wäre in II 6 – wenn auch auffällig verspätet – eine Expositionsszene für die Titelfigur Emilia, aber LESSING gibt weder ihr noch den Zuschauern die Zeit dafür. Im Gegenteil, er ballt in der Szene wie mit einem Brennglas alles zusammen, was das Davor und das Danach ausmacht. Am Ende von II 6 sind die Würfel über Emilia gefallen, nur noch ein Deus ex machina könnte aufhalten, was da vorbereitet, was an Fallstricken ausgelegt ist und wie das Experiment nur noch auf Ausführung wartet. *EMILIA GALOTTI* ist ein Stück über die Mechanismen von Gewalt. Aber es ist nicht nur der gewaltintegrierende Intrigenplan Marinellis, der hierfür bestimmend ist. Vielmehr wird er ergänzt durch die Gewalt der Fremdbestimmung, welcher Emilia bis zu II 6 schon in hohem Maße ausgesetzt ist. Von allen Mitspielern (außer Appiani) wissen wir an dieser Stelle bereits, was Emilia für sie bedeutet, worauf sie sie fixieren, ohne ein einziges Mal nach ihrer Zustimmung gefragt zu haben. Alle haben sich **ein Bildnis gemacht** (im Sinne Max Frischs). Diese Bildnisse aber ersticken Emilias eigene Individualität und verhindern Selbstentfaltung und Selbstbehauptung. Die Maler Conti-Szene hat so noch eine weitergehende Funktion. Sie macht als De-facto-Bildnisszene auch aufmerksam auf die Bildnisse von Emilia, die die anderen haben oder entwickeln. Ist Emilia zunächst geradezu Personifikation eines Schönheitsideals der Kunst, Anschauungsobjekt im Sinne eines vollendeten **interesselosen Wohlgefallens** (Kant), so sind die anderen Bildnisse (d. h. die fremdbestimmten Fixierungen der Person Emilia) zweck- und nutzenorientiert. Für den Prinzen ist Emilia ob ihres **Liebreizes** Anlass für Schwärmerei und Liebelei mit Besitzverlangen und *Preisvorstellungen* (I 5), für Marinelli ist sie dann in brutalster Offenheit eine Ware im Liebeshandel mit ermäßigtem Kaufwert – Secondhand-Shopping – (I 6: **Waren, die man aus der ersten Hand nicht haben kann, kauft man aus der zweiten: – und solche Ware nicht selten aus der zweiten um so viel wohlfeiler.**). Für Odoardo ist die Tochter geradezu Heiligtum auf dem Altar der Erziehungsversessenheit: Lichtgestalt von Reinheit und Tugend.

Ästhetik, Hedonismus, Warenkapitalismus, pathologischer Moral-Idealismus – und eine junge Frau, unerfahren in ihrem Innern und in der Welt, soll all dem entsprechen! Die Gewalt der Intrige und des Überfalls wird fast zweitrangig angesichts des Gewaltpotentials dieser ihr übergestülpten Bildnisse und der damit verbundenen Ansprüche. Wie soll man da leben, wenn noch hinzukommt, dass man sich selber das Leben so schwer macht.

Und so wird II 6 zur Schlüsselszene. Der erste Auftritt Emilias signalisiert sogleich das Ende. Alles, was danach kommt, sind zufällige und/oder planvolle Konsequenzen der Grundkonstellation, die in II 6 offensichtlich wird. Der Traum von den Perlen, die Tränen bedeuten (II 7), das Rosensymbol für das Leben (II 7) und das Sterben (V 7) machen es dann auch sofort in der Folgeszene nach II 6 deutlich: Das Drama ist in II 6 entschieden. Nur eine übermenschliche Heroine könnte eine solche Gewalt aushalten oder vielleicht ein ganz und gar mutiger Mensch, stark an Selbstbewusstsein und mit der Kraft zum Widerstand. Aber es tritt eine junge Frau auf, hilflos angesichts ihrer Gefühle und der Gedankensünde, die dem Himmel nach ehernem Gesetz der theologisch-pädagogischen Auslegung schon Sünde selbst ist. Der Anfang vom Ende. Nichts von der **verborgenen Organisation** und der **Unmerklichkeit** der Tragödienkonzeption im 32. Stück der *Hamburgischen Dramaturgie,* sondern ein höchst irritierender, aufrüttelnder *Paukenschlag.* Am Horizont steht das moderne psychologische Drama.

4.4 Die neue Funktion der drei Einheiten

Im 32. Stück der *Hamburgischen Dramaturige* deckt Lessing in genauester Schrittfolge die ansonsten **verborgene Organisation** der Tragödie auf, **die diesen Namen verdient** (s. o.). Fast mit Lessings Worten in der dort vorausgehenden Corneille-Kritik wendet sich eine bereits 1935 erschienene literaturwissenschaftliche Abhandlung scharf gegen die Tragödienkonzeption der *Emilia Galotti*: **Lessings reifster Tragödie mangelt die Pflege des tragischen Sinngehalts.** Und weiter:

> **Der *Emilia Galotti* fehlt am meisten von allen Lessing-Dramen die innere Erlebniseinheit. Sie ist infolgedessen nur ein künstliches, von einem Zentralerlebnis aus nicht zu ordnendes Gemisch von glänzenden formalen Errungenschaften, tiefen gehaltlichen Aneignungen und reichen persönlichen Erlebnisbruchstücken. Es kann aber nicht fehlen, daß diese Werte sich gegenseitig stören und im komplizierten Organismus der Tragödie nicht recht zur Geltung kommen. So wird man trotz Bewunderung einzelner Leistungen dem Ganzen immer starke Fehler nachsagen müssen.**[97]

Wir teilen die Auffassung des Autors zur Sache, nicht jedoch in der Wertung. Es gibt keinen Anlass zur negativen Beurteilung des Dramas im (durchaus nicht zwingenden) Vergleich mit einem *stimmigen* Tragödienbegriff, und sei es Lessings eigenem in der *Hamburgischen Dramaturgie.* Zwischen Hamburg und Braunschweig, 1767 und 1772, liegen wichtige Ereignisse in Lessings Biografie. Allein der Lessing tief enttäuschende Zusammenbruch des Hamburger Nationaltheaters und seine Begleitumstände verbieten einen direkten Vergleich. (Lessing lehnt sogar die Einladung für einen viel versprechenden Neuanfang im Nationaltheater Mannheim ab.)

Wir kehren die negative Wertung um und begreifen die **verborgene Organisation** der *Emilia Galotti,* ihre eigene Dramaturgie, als provokativen Appell an den – zumindest zur Lessing-Zeit in Theorie und Praxis theaterversierten – Zuschauer. Dessen Erwartungshaltung wird ständig gebrochen, getäuscht und umfunktioniert. Das gilt zunächst für den Stoff: Der Zuschauer erwartet eine Dramatisierung der Virginia-Legende (diese war im 18. Jh. weithin bekannt und lag auch in mehreren Dramenfassungen vor), das Drama aber bricht nach deren erster Hälfte (der in der Quelle unwichtigeren) ab. Ähnliches gilt für die dramatische

Stilform und deren Inhalte: Der Zuschauer erwartet, vorbereitet durch die ersten Szenen, ein bürgerliches Trauerspiel und wird getäuscht. Ab I7 (oder nach dem Überfall) beginnt nach Stil und Interpretation ein anderes Drama, die Exposition wird gebrochen, ebenso die Einheit der Handlung. Die Schlüsselszene II 6 mit Emilias erstem Auftritt und der vorwegnehmenden Sicht auf die Katastrophe stört die lineare Sukzession der Handlung erheblich. Die Peripetiephase ist in der Erstreckung über den gesamten III. Akt (III 1: **Man hört von weitem einen Schuß** bis III 8: **Claudia: Der Name Marinelli war das letzte Wort des sterbenden Grafen**) von unüblicher Länge. Peripetie als plötzlicher Glückswechsel wird durch Ungewissheit des Schicksals von Appiani zu einer gedehnten, retardierenden Phase und ist von merkwürdiger Irritation im Empfinden des Zuschauers bestimmt. (Der damit verbundene Effekt der Spannungssteigerung wird damit keineswegs infrage gestellt.)

Der Zeitdehnung in der Peripetiephase steht eine extreme Zeitraffung auf der Handlungsebene entgegen, die sich über das gesamte Drama erstreckt. Alle Personen sind untertan einer rasenden Zeit, die ihnen keine Chance lässt. *Ruhe* und *Besonnenheit* tauchen expressis verbis oder umschrieben je häufiger auf, desto mehr die jagende Zeit Einfluss auf Nachdenken und Entscheidungen nimmt (s. Szenarium). Die Menschen sind ihre Opfer, sie nimmt ihnen den Atem und die Möglichkeit des Bewusstsein schaffenden Verweilens. Die Zeit wird selbst zum Handlungsfaktor, indem sie den Handlungen ihre besondere Qualität gibt: Angesichts sich überstürzender Ereignisse sind die Menschen in einer situationsangemessenen Reaktion überfordert. Als Gegenmotiv steht am Horizont die zeitenthobene Abgeschiedenheit der *Täler von Piemont.* Der geplante Rückzug dorthin bedeutet auch eine Flucht vor der Zeit. Sie misslingt. Die Zeit als Kriterium des Außen, der öffentlich-politischen Dimension trifft zerstörend gerade die Menschen, die darauf nicht vorbereitet sind. Es ist müßig zu erwähnen, dass eine so verstandene Zeit im Drama nichts zu tun hat mit der aristotelischen, in der Gottsched-Zeit dogmatisch verstandenen Einheit der Zeit. Die Verwendung der Zeit in *Emilia Galotti* kehrt sich vielmehr gegen jenes dramaturgische Gebot. Sollte die Einheit der Zeit der Stärkung von Wahrscheinlichkeit dienen, so hat die extreme Zeitraffung in diesem Drama eher entgegengesetzte Funktion und damit eine spezifische Aussageintention: Die Einheit der Zeit erscheint hier handlungsmäßig verfremdet und thematisch funktionalisiert. Die Zeit ist für den Zuschauer beklemmend merklich (sie rast auf ein Ende zu). Von der **Unmerklichkeit** im 32. Stück der *Hamburgischen Dramaturgie* kann gar keine Rede sein!

Die *Schlag-auf-Schlag-Handlung* erscheint eher unwahrscheinlich. Folgerichtig wird die Häufung von Zufällen, die die Handlung nicht ruhen lassen, im Stück selbst immer wieder problematisiert.

Das gilt auch für die Einheit des Ortes. Der Ort der Bühnenhandlung ist hier nicht Medium zur illusionären Identifikation. Bühne – Realität nach den Prinzipien der Wahrscheinlichkeit und in rein dienender Funktion (als Raum, der eine wahrscheinliche Bühnenhandlung ermöglicht), sondern die Orte der *Emilia Galotti* sind Symbolorte, die handlungsbeeinflussend wirken. (Auch hierzu werden im Szenarium Hinweise gegeben). Der Stadt-Land-Gegensatz des bürgerlichen Trauerspiels erscheint hier differenzierter. Sowohl dem Prinzen wie den Galotti sind zwei Orte zugeteilt: *Residenz* und *Dosalo-Stadthaus* und *Sabionetta.* In weiter Ferne davon liegt Appianis *Piemonter Idylle.* Die Grenzen zwischen Stadt und Land, Laster und Tugend, sind nun schwieriger auszumachen. Die Residenzpolitik drängt zwecks Maximierung von Macht auf das Land vor: Die Herrschaft der Stadt zeigt sich auch in Kabale und Intrige auf dem ländlichen Lustschloss Dosalo. Andererseits zieht es auch den Zweiten Stand aus der Abgeschiedenheit der ländlichen Region zur Urbanität weltlich-offenen Lebens. Private Tugenderziehung drängt nach Ausweitung zur gesellschaftlichen Kompetenz (das Stadthaus der Galotti). Doch das bedeutet Aufgabe der Schutzzonen und – bei noch dogmatischen Erziehungsprogrammen – Hilflosigkeit und Unterdrückung. Die Vermischung der ständebezogenen Orte bringt nicht die erwartete Harmonisierung der Standesunterschiede mit sich, sondern die beschleunigte Entwicklung zum Klassenantagonismus der am Horizont der Gesellschaftsgeschichte nun sichtbar wird. – Auch das dramatische Strukturelement *Raum* gewinnt jenseits von traditionellen Vorgaben der Dramentheorie thematische Funktion auf der Bedeutungsebene.

Aus dem Bereich der formalen Konzeption der *hohen Tragödie* und seiner eigenen Theorie benutzt Lessing also fast alle Kriterien zur Umfunktionierung ihrer ursprünglichen Bedeutung. Das ehemals Natürliche der **verborgenen Organisation** in der Anlage der Tragödie wird dem erfahrenen Zuschauer nun zur ständigen Provokation durch Nichterfüllung der Erwartungen. Die Wirkung ergibt sich nicht aus dem **ordentlichen Verlauf,** sondern aus dem Eindruck der Unordnung und immer neuer Korrektur. Das bedeutet für den Zuschauer jene nun schon oft genannte Irritation – und somit Desillusionierung.

4.5 ›Offene Dramaturgie‹

In ihrer Bewertung der Schlusszene kommt U. Friess zu einer fast identischen Aussage. Wir weiten diese auf das ganze Drama aus:

> **Bezogen auf das Publikum heißt das: LESSING, der mit dem Beginn seines dramatischen Werkes und insbesondere mit *MISS SARA SAMPSON* dem Identifikationsbedürfnis einer bestimmten gesellschaftlichen Schicht Rechnung getragen hatte, verfolgt nun eine für seine Zeit ungewöhnliche Absicht, nämlich die der Desillusionierung. Die in der Fabel seines Dramas wirksame und doch veränderte Tradition des politischen Themas aus der Antike bricht durch, bezeichnenderweise aber in einer Form, die die Geschlossenheit des dramatischen Spiels aufsprengt.[98]**

Rein äußerlich sind alle Elemente des Dramas der geschlossenen Form vorhanden und so ergibt sich beim ersten Hinblick auch ein entsprechender Kompositionseindruck. Auf dem Prüfstein aber zeigt sich nicht nur eine thematische Offenheit des Schlusses, sondern durch konsequente Umfunktionierung der dramatischen Bauelemente auch eine Offenheit der gesamten Struktur: Offene Dramaturgie[99] als Kompositionsprinzip der *EMILIA GALOTTI*, welche den Zuschauer weniger einbezieht als sich vielmehr gegenüberstellt. Der Zuschauer übernimmt diese neue Rolle durch Einsatz seiner Intelligenz. Nur dieser **kalte Verstand** (Schlegel, s. o.) ermöglicht es ihm das Spiel mit den formalen Bedingungen der Tragödie in seiner Appellfunktion zu erkennen und zu akzeptieren. Nimmt es da Wunder, wenn die Zeitgenossen, die – wie es überliefert ist – nach der Premiere der *SARA SAMPSON* hemmungslos miteinander weinten, nun gefühlsmäßig verunsichert reagieren, die Kälte des Stückes schmerzlich spüren und unbeholfen ihr erstes Wenn und Aber aussprechen? – Das Stück zeigt die Wirkung des Unerwarteten, mitten in einer Zeit, deren intensive Tragödiendiskussion sich gerade einem Abschluss nähert, der u. a. in der *HAMBURGISCHEN DRAMATURGIE* vorgegeben schien.

4.6 Die Appellfunktion des offenen Schlusses: Von der Vermeidbarkeit der Tragödie

Brauchten wir noch des weiteren Beweises: Das Stück thematisiert selbst das Theater und seine dramatischen Formen: **Lustig, lustig. Das Spiel geht zu Ende. So oder so!**, heißt es in V 6. Odoardo, im äußersten Entscheidungszwiespalt, meint damit das Intrigenspiel des Hofens gegen die Tochter und zugleich das Spiel, das mit ihm selbst gespielt wird und welches gerade die Grenzen des Erträglichen überschritten hat. Doch konnotiert ist in dieser Aussage auch das Spiel auf dem Theater überhaupt. *Wie soll es enden?*, so wird gefragt. Antwort: *so oder so.* Welches Ende aber passt zu einem so entfalteten Stück, hat sich nicht das Spiel selbst in die Not des in keinem Fall passenden Endes gebracht? (Dies ist gut 160 Jahre später eine Kernthematik in BRECHTS *DER GUTE MENSCH VON SEZUAN*.) Die Frage wird sofort weitergeführt: Soll es als Possenspiel enden, als grobschlächtige Verlachkomödie von zweien, die sich am Ende doch noch *kriegen?* – oder als *Gedankenspiel* (V 7), als Alptraum, der vielleicht am Ende, alle befreiend, entweicht? – oder als **solche Tragödie** (V 8), wo die schuldlos schuldigen Helden ihr Leben opfern, die Schurken bestraft werden und die wiederhergestellte Gerechtigkeit am Horizont emporscheint? Die Lösungen erscheinen alle als untauglich: **Das Spiel geht zu Ende. So oder so!**, aber es hat eben keinen eindeutigen Schluss, es gibt keine gängige dramatische Gattung, deren Schluss es übernehmen könnte. So bleibt der Schluss offen, wenn das Spiel zu Ende geht. Das **So oder so!** aber hat gerade darin eine Antwort erfahren.

Nur darum, weil der Schluss eigentümlich offen bleibt und die Identifizierung des Zuschauers über das ganze Stück hinweg planmäßig gestört (also in Ansätzen immer wieder desillusioniert) wird, gilt folgende Kritik LESSINGS am gerade erschienenen *WERTHER* nicht auch für ihn selbst. Sie wirkt so vielmehr bestätigend für die dargestellten Absichten LESSINGS in *EMILIA GALOTTI*:

26. 10. 1774 an Eschenburg zu GOETHES *DIE LEIDEN DES JUNGEN WERTHERS:*

Wenn aber ein so warmes Produkt nicht mehr Unheil als Gutes stiften soll: meinen Sie nicht, daß es noch eine kleine kalte Schlußrede haben müßte? Ein paar Winke hinterher, wie Werther zu einem so abenteuerlichen Charakter gekommen; wie ein anderer Jüngling, dem die Natur eine ähnliche Anlage gegeben, sich dafür zu bewahren habe. Denn ein solcher dürfte die poetische Schönheit leicht für die moralische nehmen, und glauben, daß der gut gewesen sein müsse, der unsere Teilnehmung so stark beschäftiget. Und das war er doch wahrlich nicht […]

Solche kleingroße, verächtlich schätzbare Originale hervorzubringen war nur der christlichen Erziehung vorbehalten, die ein körperliches Bedürfnis so schön in eine geistige Vollkommenheit zu verwandeln weiß. Also, lieber Göthe, noch ein Kapitelchen zum Schlusse; und je zynischer je besser! [...]

Die inhaltliche Aussage, insbesondere die Sorge über einen nicht beabsichtigten Vorbildcharakter und dessen Nachahmung, betrifft auch *Emilia Galotti*.[100] Lessing war sich einer solchen Gefahr bewusst, indem er darauf aufmerksam machte, dass der Titel nicht automatisch auf die (vorbildhafte) zentrale Gestalt des Dramas verweise (s. o.).

Doch auch das Stück selbst gibt über die uns bekannten Maßnahmen hinaus weitere Signale, wie Lessing den Fehler, den er bei Goethe sieht, vermeiden will. Das Drama hat keine Vorbildgestalten (die nach der Theorie des vermischten Charakters auch nicht eindeutig zu erwarten gewesen wären), es zeigt aber darüber hinaus eine Heldin, deren tragisches Scheitern vermeidbar gewesen wäre, zumindest aber in dieser Phase der Entwicklung noch nicht mit Notwendigkeit vorauszusehen war, sodass der Tod als einzige Lösung bliebe. Damit trifft Lessing den Kern jeder zeitgenössischen Theorie des Tragischen. Emilia scheitert aus der Unfähigkeit der Unmündigen ihr Geschick mit Tatkraft eigenverantwortlich zu meistern. Es kann nicht deutlich genug verwiesen werden auf Emilias eigene, mehr aus ihrem Unbewussten stammende (und deswegen stark bildlich formulierte) Situationsanalyse. Die berühmte Stelle in V 7 klärt den Sachverhalt zweifelsfrei: Zwar ist unbestritten, dass die Ausübung von Gewalt vonseiten des Prinzen und seines Hofschranzen erheblich zur Verschärfung der Konfliktsituation beiträgt, das alles entscheidende, katastrophenauslösende Moment liegt jedoch in Emilia selbst. Die wahre Gewalt gegen die moralische Integrität ihrer Person kommt nicht von außen, sondern aus der eigenen Natur. Was sich bei der Begegnung mit dem Prinzen in der Kirche andeutete, bricht jetzt aus. Was Emilia mit **dem jugendlichen, warmen Blut** umschreibt, ist das jetzt übermächtige Gefühl der bislang unterdrückten eigenen Sinnlichkeit. Damit bricht das verordnete Lebenssystem der Moralität, welches das Sinnenhafte als das Amoralische und damit als sein Gegenprinzip erklärt, in sich zusammen. Verderben, Schuld, Schande, Sünde sind jetzt die letzten Signale des moralischen Dogmas und nach dem Vorbild **der Heiligen, die deswegen in die Fluten sprangen,** bleibt nur ein einziger Ausweg, der Tod. In dieser erst jetzt absolut deckungsgleichen Gedankenentfaltung gerät Odoardo in durch nichts aufzuhaltenden Zugzwang des Handelns im Sinne von Emilias Wertanalyse.

Die Textstelle ist so eindeutig in der Thesenentfaltung, dass Interpretationen, die die Schuldfrage ausschließlich auf die Besitzgier des Prinzen und die Hofschranzenmentalität beziehen, fehlgehen. Politische Macht und Hofintrige sind vielmehr Katalysatoren, die die innere, von Emilia und ihresgleichen verantwortete Konfliktsituation zum Extrem verdichten und in ihrer Ausweglosigkeit erkennbar werden lassen. Darin liegt die zentrale Aussage der so überaus wichtigen Szene V 7. Schuld ist danach vielmehr zu suchen in Emilias Erziehung, schuld sind – so gesehen – auch die, die ihr aus ihrem Standesbewusstsein (der bürgerlichen Rückzugsideologie ins Private) und ihrer gesellschaftlichen Lage, mit ihrer Furcht vor jeder sozialen Welt angesichts des Feudalsystems eine solche Erziehung bewusst oder unreflektiert vermittelt haben. Schuld ist der historisch-soziale Fixpunkt in der Geschichte des bürgerlichen Standes, in dem man (noch) nicht vorbereitet ist der persönlichen und politischen Verführung angemessen entgegenzuwirken, sondern Leiden und Dulden zu einer Tugend macht. **Erziehung ist Entziehung**[101] der Mündigkeit in der Lebenspraxis und damit steht der Aufklärungsgedanke in der bürgerlichen Gesellschaft in der Gefahr sich selbst ad absurdum zu führen. Ursache dafür ist u. a. die falsch gelehrte Religion. Es ist ein schwerwiegender Vorwurf gegenüber einem unkritischen, dogmatischen Christentum, den LESSING in der oben zitierten *WERTHER*-Replik erhebt: körperliche Bedürfnisse in ein System religiös-geistiger Vollkommenheit einzubetten um damit das Körperliche zum Geistigen zu erheben oder aber mit dem geistig-moralischen Ethos das Sinnenhafte zu terrorisieren. Das Letzte gilt für Emilia Galotti, die als Maxime gelernt hat ihr **warmes Blut** allein schon als Verrat an der eigenen Integrität verstehen zu müssen.

4.7 Erziehung als Entziehung der Mündigkeit: Das Buch Jesus Sirach

Die bürgerlichen Kardinaltugenden Gehorsam und Frömmigkeit sind sogleich die Hauptmotive bei der Einführung Emilias in das Drama in II 6. Auch hier ein Erwartungsbruch: Der Zuschauer stellt sich nach der langen indirekten Exposition eine ganz andere Emilia vor als das jetzt **in ängstlicher Verwirrung hereinstürzende,** der Rede kaum mächtige Mädchen. Der Grund dafür liegt in den Vorkommnissen in der Kirche, genauer in Emilias geradezu panischer Reaktion auf ihre völlig übertriebene Gedankensünde: Dem Himmel sei **sündigen wollen, auch sündigen** (s. Kap. 4.3). Des Vaters Befürchtung hat sich bewahrheitet. Auf seine vorwurfsvolle Frage an Claudia, warum sie Emilia ohne Begleitung in die Kirche habe gehen lassen, antwortet Claudia **Die wenigen Schritte** – –. Odoardo korrigiert mahnend mit einem Kernsatz seines gesamten Erziehungsprogramms: **Einer ist genug zu einem Fehltritt** (II 2). Es ist A. Wierlachers Verdienst, hierzu den Hintergrund aufgedeckt zu haben.[102] Dieser liegt in der engen Verbindung von bürgerlichen Erziehungsgrundsätzen mit der uneingeschränkten Verbalinspiration der Heiligen Schrift. **Einer ist genug zu einem Fehltritt** ist die situationsbedingte Variante des obersten Grundsatzes **Wer sich in Gefahr begibt, der kommt darin um.** Diese Maxime der individuellen wie sozialen Handlungsunfähigkeit steht im *Buch Jesus Sirach*, einer der deuterokanonischen Schriften der Bibel.[103]

> **Wenn deine Tochter nicht auf sich hält, so bewache sie scharf, damit sie Nachgiebigkeit nicht ausnutzt. Wenn du merkst, daß sie frech um sich sieht, so paßgut auf, sonst wundere dich nicht, wenn sie dir Schande macht. Wie ein Wanderer, der durstig ist, lechzt und vom nächstbesten Wasser trinkt, das er bekommen kann, so setzt sie sich vor jedem Zelt nieder und bietet sich an (Sirach 26).**

Emilia *hat sich umgesehen* – und dazu noch in der Kirche. Sie hat nach dem *Buch Sirach*, dem maßgebenden religionspädagogischen Lehrbuch der bürgerlichen Familie des 18. Jhs., eigentlich jetzt schon keine Chance mehr. **Denn wie aus den Kleidern Motten kommen, so kommt von den Frauen viel Schlechtigkeit** (Sirach 42) und so betrifft Frauen nach Sirach der Urmakel, dass aus ihnen die Sünde kommt. Wie kann man da leben, wenn hier ohne Prüfung des Wahrheitsanspruchs jedes Wort sein ehernes Gewicht erhält?

Lessing zeigt am Schicksal Emilias ein Modell von der Unmöglichkeit zu leben angesichts solcher Prämissen von Weltfurcht und der vorgeblichen Unbarmherzigkeit Gottes, übertragen in eine rigorose Erziehungstyrannei. Wierlacher kommt zu zwei miteinander verbundenen Schlussfolgerungen: Indem eine solche Weltsicht vornehmlich die Machtstrukturen des Feudalismus stärkt, gibt es **Grund, so scheint es, genug, das Stück als schwere Kritik an der Haltung des Bürgertums zu lesen.** Die Frage nach der Ursache führt jedoch über das Bürgertum hinaus an die konstituierenden Quellen eines solchen bürgerlichen Weltverhaltens: Lessing entlarvt zugleich die Herrschaftsstruktur in der **biblischen Ideologie der tödlichen Gefahren der sozialen Welt.** So ist die eigentliche Intention des Dramas, durch ein Negativmodell an **das richtige Verständnis der sozialen Welt, das erst das rechte Handeln möglich macht**[104], zu appellieren – Theater der Hoffnung (s. o.). Für Emilia und ihre Klasse ist das mitverschuldete Festhalten an der Verbalinspiration der Bibel und den sich daraus ergebenden subjektiven wie politischen Konsequenzen Grund für ihr tragisches Scheitern. Denn gegen das Bibelwort steht eben, wie an der Szene V 7 erläutert, ununterdrückbar trotz aller Zucht: **Ich habe Blut, mein Vater; so jugendliches, so warmes Blut als eine. Auch meine Sinne sind Sinne. Ich stehe für nichts. Ich bin für nichts gut.** Das allein ist in der Indoktrination des *Buches Sirach* bereits Sünde, wie Emilia dann auch in demselben Atemzug, sich fraglos fügend, bekennt.

4.8 »Das Haus der Freude«

Der Symbolort für Sinnenfreude und Vergnügsamkeit in der Welt ist **das Haus der Grimaldi. Es ist das Haus der Freude** (V 7). Als Emilia erfährt, dass sie dort bis zur gerichtlichen Untersuchung untergebracht werden soll, wirkt die unbarmherzige Autorität des Bibelworts sofort: **Wer sich in Gefahr begibt, der kommt darin um.** Um dem und der vermeintlichen Schande zu entgehen bleibt nur der Tod, in schlichter und grausamer Konsequenz der so verstandenen Tugendlehre. Warum das Haus der Grimaldi nach Emilias Meinung ein Ort der Süde ist, gründet sie auf zweierlei: Die Grimaldi und ihre Töchter sind in der Stadt als lebensbejahend und gesellig bekannt und Emilia selbst hat das Haus der Grimaldi anlässlich einer Vegghia, eines Tanzvergnügens, vor Wochen selbst kennen gelernt. Damals hatte sie **ihre Bedürfnisse nach Teilhabe an den Vergnügungen der sozialen Welt** (Wierlacher) gespürt und zugleich erste Zweifel am dogmatischen Wahrheitsanspruch des Bibelwortes. Sie büßt diese **Tumulte in ihrer Seele** danach wie eine Todsünde und flieht jetzt, ohne Chance zur Alternative, aus der Welt. Die in der Forschung immer wieder versuchte Interpretation des Hauses der Grimaldi als Bordell (**Haus der Freude** = Freudenhaus) um damit das Todesverlangen Emilias glaubwürdiger zu machen ist durch nichts gerechtfertigt und verkennt LESSINGS Intentionen: Gerade in der Unverhältnismäßigkeit zwischen Anlass und Tat, zwischen moralischer Bewertung und Wirklichkeit liegt der durchschlagende Appell an das Urteil der Zuschauer. Wieder eine Form der Provokation, ein Signal für die Vermeidbarkeit des tragischen Schlusses unter veränderten, durch Vernunft gesteuerten Bedingungen.

4.9 Vom Versagen der Sprache: das Zitat

Der Hilflosigkeit im Erkennen und Handeln entspricht bei Emilia eine sprachliche Kompetenzschwäche (s. Kap. 3.6). Nur im Zitat gelingt es Emilia, den Vater zur Mordtat zu aktivieren. **Ehedem wohl gab es einen Vater, der, seine Tochter von der Schande zu retten, ihr den ersten, den besten Stahl in das Herz senkte – ihr zum zweiten das Leben gab. Aber alle solche Taten sind von ehedem! Solcher Väter gibt es keinen mehr** (V 7). Wiederum ist es die Enge vorgegebenen Denkens, sind es die mit dogmatischem Sinn voll gestopften Vokabeln, die jetzt Odoardo keinen Ausweg mehr lassen. **Schande** ist das Reizwort, das ihm die Freiheit des Handelns vollends nimmt.

Schande zu verhüten ist oberstes Gebot des Familienvaters. Das *BUCH SIRACH* enthält kaum ein Kapitel, in dem nicht von der Schande die Rede wäre. Und so kann Odoardo gar nicht erkennen, dass die Schande der zitierten Virginia gar nicht die zu befürchtende Schande Emilias ist. Das Zitat ist falsch gesetzt. Virginia soll versklavt werden und als Sklavin dem Appius Claudius in seinen sexuellen Begierden zu Diensten sein, Emilias *Schande* hingegen ist die Teilnahme an der Geselligkeit der Welt und das Signal in sich Sinnenhaftigkeit und Sinnenfreude zu verspüren. (Im Unterschied zur verwerflichen Art der eingesetzten Mittel kann die Liebe des Prinzen zu Emilia zumindest nicht grundsätzlich infrage gestellt werden.) Die Schande besteht hier also vorwiegend im Kontext der Tugendlehre und erst in zweiter Linie in wirklicher existenzieller Bedrohung. Der Ideologiegehalt der Vokabel wird für das Dramenende ausschlaggebender als die tatsächliche Lage. Das Zitat ersetzt auch an anderen Stellen des Dramas die sprachliche Selbstbehauptung. Meist entstammt es den Maximen der Moraltheologie, der abgeleiteten Tugendlehre oder der Floskelsprache konventionalisierter Geschmackserziehung. Auf die entsetzte Frage des Vaters **Gott, was hab' ich getan!** antwortet die sterbende Emilia: **Eine Rose gebrochen, ehe der Sturm sie entblättert.** Es ist schwerlich überzeugend, hier wie P. H. Neumann eine tiefenpsychologisch gewonnene Symbolik von Defloration, Inzest und in Verbindung mit *Dolch* und *erstechen* einen archetypisch phallischen Akt zu vermuten.[105] Vielmehr ist Emilia auch angesichts des Todes unfähig ihre Situation und somit sich selbst wenigstens sprachlich zu begreifen. Sie flüchtet sich, wie auch früher schon, mit einem Zitat vor der unfassbaren und daher für sie unaussprechlichen Wahrheit. Dieses Zitat ist in seiner trivialen Spruchweisheit kaum noch zu überbieten, entlehnt aus der Topoisprache der Bukolik oder der morbiden Galanterie eines pseudofranzösischen Stils.[106] Und am Horizont drängt wieder das *Buch Sirach* beherrschend ins Bewusstsein: **Mahnrede über die Leidenschaft. Sie wird dich zurücklassen wie einen verdorrten Baum; denn deine Blätter werden ihr zum Opfer fallen, und deine Früchte wird sie dir rauben.** (Sirach 6)

4.10 »Der Zuschauer des epischen Theaters sagt …«

Am Ende also zitierte Ersatzsprache aus der Not in der Sprachlosigkeit und im Übergang zum Tode. Und dann Odoardos Aufforderung Gottes zum Richteramt und dann des Prinzen Klage an Gott. – Verbergen sich auch darin Redefloskeln? Denn das, was geschehen ist, geschah nicht aus höherer Notwendigkeit, nicht durch Einwirken der Transzendenz.[107] Was in *Emilia Galotti* geschehen ist, haben die Menschen – und zwar in beiden Geschehenslagern – selbst verursacht und selbst zu verantworten. Der Ruf nach Gott ist in dieser Tragödie der Immanenz am

Ende schon beinahe wieder eine Phrase oder eine neuerliche Flucht vor der Verantwortung.

Oder eine alles zusammenfassende Herausforderung an den Zuschauer. –

Was in der *Hamburgischen Dramaturgie* noch für jede Dichtung galt – sie **sollte ein Schattenriß von dem ganzen des ewigen Schöpfers sein; sollte uns an den Gedanken gewöhnen, wie sich in ihm alles zum besten auflöse, werde es auch in jenem geschehen** (79. Stück) –, für *Emilia Galotti* trifft das so nicht mehr zu.

So ist es nicht um eines auffälligen Schlussakkordes willen, wenn wir abschließend, auf *Emilia Galotti* gerichtet, Bertolt Brecht zitieren:

Über eine nichtaristotelische Dramatik
Der Zuschauer des epischen Theaters sagt: Das hätte ich nicht gedacht. – So darf man es nicht machen. – Das ist höchst auffällig, fast nicht zu glauben. – Das muß aufhören. – Das Leid dieses Menschen erschüttert mich, weil es doch einen Ausweg für ihn gäbe. – Das ist große Kunst: da ist nichts selbstverständlich – […]

Nicht einmal die Spielrealität ist selbstverständlich. Unbewusst in eine ferne Zukunft der Dramengeschichte verweisend formuliert ein unbekannter Leipziger Rezensent 1772 nach dem Lesen der *Emilia Galotti* seine Befremdung über das Stück, indem er dessen illusionsbrechende Wirkung heraushebt:

[…] **auf einmal steht das ganze Theater für uns da, mit Lichtputzer und Souffleur.**[108]

Er konnte nicht ahnen, welche wirkungspoetische Bedeutung in dieser Beobachtung verborgen ist.

Unterrichtshilfen

1 Didaktische Aspekte

Die schulische Einbindung von LESSINGS Drama in den Deutschunterricht der Sekundarstufe II fällt einerseits leicht, ist andererseits – was Gegenstand und Ziel der Textarbeit betrifft – von erheblicher Schwierigkeit.

Erfreulich ist, dass *EMILIA GALOTTI* heute offensichtlich wieder zu den meistgelesenen Dramen im Deutschunterricht der Oberstufe zählt. Völlig unabhängig vom Kanonproblem in Richtlinien und Unterrichtsempfehlungen der Bundesländer erfüllt das Drama (natürlich im Zusammenhang mit anderen Werken) eine geradezu demonstrative Funktion, innovative, ideenreiche und zunehmend kreative Unterrichtsperspektiven gerade auch auf den klassischen Dramentyp hin zu entwickeln und in erfreulich lebendige Unterrichtspraxis umzusetzen. Das erneute Interesse an der Geschichte, weniger als Historie denn als *gewesene Gegenwart*, steht dafür ebenso wie eine Neuverteilung der Gewichtung in den beiden Grundaufgaben der Oberstufe (nach der Kultusministerkonferenz), Erziehungsauftrag zur **Selbstverwirklichung** des Schülers **in sozialer Verantwortung** (so z. B. NRW) und wissenschaftspropädeutische Ausbildung. Die Gegenstände des Literaturunterrichts sind so wieder ernsthafter in der Diskussion ohne dabei die Schülerperspektiven zu vernachlässigen. So wird die zerredete Formel von der **Kompetenz im Umgang mit (fiktionalen) Texten** gerade am Beispiel der *EMILIA GALOTTI* wieder mit Sinn gefüllt. In Konsequenz entspringt daraus ein breit gefächertes Spektrum schulischer Arbeit in den Grund- und Leistungskursen:

- eine Öffnung des Unterrichts für die Dimension der Geschichte (*EMILIA GALOTTI* am Anfang der Geschichte des modernen Dramas bzw. LESSING als Gelenkstelle zwischen der antiken Poetik des Dramas und moderner Wirkungsästhetik);
- ein erneuter formtypologischer Schwerpunkt in der Dramenanalyse (*EMILIA GALOTTI* wieder als bevorzugtes Beispiel für den so genannten aristotelischen Typus im Verhältnis zu den offenen Formen des Dramas im 20. Jh.);
- ein deutlich verstärktes Interesse gerade am 18. Jh., insbesondere in neuesten Richtlinien (*EMILIA GALOTTI* spiegelt von den wenigen für die Schule praktikablen Texten aus jener Epoche am besten die das Jahrhundert kennzeichnende Grundkonstellation Feudalismus – Bürgertum);
- ein gebliebenes Engagement für Sozialgeschichte durch Literaturgeschichte (*EMILIA GALOTTI* am Beginn der Kette des deutschen sozialen Dramas, als Vorstufe zur Bewusstmachung und Kritik eigener Realitäten im Konfliktfeld Individuum – Gesellschaft);
- damit verbunden der (eingeengtere) Aspekt des bürgerlichen Trauerspiels vom *SARA SAMPSON*-Typ über *EMILIA GALOTTI* zu den Sturm- und

Drang-Dramen und *Kabale und Liebe* (*Emilia Galotti* als Medium bürgerlicher Selbstdarstellung mit dem Appell zur Überwindung der Klassengegensätze durch Harmonisierung und Humanität);

- theaterdidaktische und kreative Konzepte, die das Stück durch Sinnlichkeit und (theatralische) Imagination den Schülern verständlich machen wollen.

Viele weitere Schwerpunkte im Umgang mit Lessings Drama wären zu nennen, soweit diese aus den Richtlinien und didaktischen Publikationen erkennbar werden. Die NRW-Richtlinien z. B. nennen *Emilia Galotti* auffallend häufig, und zwar im Zusammenhang mit ganz unterschiedlich thematisierten Unterrichtseinheiten in der Vorschlagsstruktur der Richtlinien.

Das führt uns zur oben erwähnten Schwierigkeit bei der Darstellung unterrichtspraktischer Gestaltungen. Die NRW-Richtlinien geben ein sinnfälliges Beispiel dafür, wie komplex die jeweiligen Zusammenhänge (Unterrichtssequenzen) sind, in denen *Emilia Galotti* jeweils steht. Weder gilt die Sequenzialität des Unterrichts nach Lernzielen für jedes Bundesland gleichermaßen noch ist ein gemeinsamer thematischer Schwerpunkt wenigstens der Tendenz nach auszumachen noch ist eine einheitliche Klassenstufe zu erkennen, in der das Drama behandelt werden soll. Die Vorschläge reichen von 10 II bis 12 I. Punktuelle Nachfragen haben ergeben, dass überall da, wo die Richtlinien es annähernd zulassen, der gattungsthematische Schwerpunkt *Drama* maßgeblich ist für die Erstellung einer Unterrichtsreihe, in der *Emilia Galotti* ihren Platz erhält. Damit sind inhaltliche (problemorientierte) Verknüpfungsprinzipien nicht ausgeschlossen, sondern häufig, u. a. als Motivationsfaktor, der formalen Gattungsperspektive übergeordnet.

Grund- und Leistungskurse unterscheiden sich – bei Parallelität des Curriculums im Grundsätzlichen – durch die Anzahl der behandelten Texte und die Intensität der Bearbeitung. *Emilia Galotti* wird erstaunlich häufig auch in Grundkursen behandelt. Das Halbjahr 11 I wird häufig dort, wo es keine anderen Festlegungen durch die Richtlinien gibt, als *Dramenhalbjahr* genannt. (Diese Aussagen sind nicht repräsentativ, sie stimmen aber wohl der Tendenz nach und geben uns einen Orientierugspunkt.)

Unterrichtsreihen

Wir haben schon darauf hingewiesen, dass *Emilia Galotti* – wo immer Auskünfte darüber zu finden sind – wohl ausschließlich innerhalb übergreifender Text-/Drameneinheiten behandelt wird. So entspricht es auch den Richtlinien aller Bundesländer.

Am bekanntesten ist die Verbindung *(Miss Sara Sampson)* – *Emilia Galotti* – *Kabale und Liebe* (– *Maria Magdalena*). Hier ist der Aspekt des Bürgerlichen Trauerspiels mit Gattungsschwerpunkt und historischer Perspektive leitend. Für die Dramendidaktik der Sechzigerjahre bot das Bürgerliche Trauerspiel den Vorteil das suspekt gewordene Heldendrama der *Haupt- und Staatsaktionen* sowie der Sturm-und-Drang-Zeit ersetzen zu können durch das eher auf Gefühlsstrukturen, Innerlichkeit und Psychologie setzende bürgerliche Drama, welches im Übrigen auch noch deutlicher Gesellschaftsanalyse bietet. Wie schwierig es jedoch ist, den Gattungstypus *bürgerliches Trauerspiel* zu beschreiben, seine mit Aufklärungsutopien verbundene *Stimmung,* seine politisch ins Leere gehende Botschaft zu klären beweisen neuere Untersuchungen zu dieser Thematik. (Wir haben sie zusammenfassend in Kap. 3.5 dargestellt.)

Die Ausweitung der Unterrichtsreihe zu SCHILLER und zu HEBBEL (häufig weiter zu G. HAUPTMANN) zeigt dann auch, was Dramendidaktik und Unterrichtspraxis in Wahrheit meinen, wenn sie die Linie des bürgerlichen Trauerspiels verfolgen: Drama und Sozialgeschichte im Längsschnitt in vielen Varianten.

2 Wie ist es möglich, »gut zu sein und doch zu leben«? Eine Unterrichtsreihe

In Ergänzung zu den bekannten Modellen schlagen wir eine Unterrichtsreihe vor, die auf folgenden Voraussetzungen und Begründungen beruht:

- Erfahrungsgemäß gibt es in der internen Struktur des Oberstufenunterrichts nur einmal die Möglichkeit die Gattung *Drama* im Zusammenhang vorzustellen.
- Diese Phase ist zudem zeitlich sehr begrenzt. (Nicht nur die immer größer werdende Fülle an anderen Unterrichtsgegenständen des Deutschunterrichts ist dafür maßgeblich, der Organisationsaufwand der Oberstufe, feste Klausurtermine und Unterrichtsausfälle vielfacher Art erschweren das Arbeiten in längerfristigen Sequenzen.)
- Zurückhaltung in den Ansprüchen und der Stoffauswahl ist deshalb notwendig und führt zurück zu den bewährten didaktischen Prinzipien der Repräsentativität und Exemplarität aufseiten der Unterrichtsgegenstände, zur thematischen Konzentration sprachlich-problemorientierter Interaktion aufseiten der Kursmitglieder.
- Der Schwerpunkt der Analyse von LESSINGS *EMILIA GALOTTI,* den wir in den vorhergehenden Kapiteln entwickelt haben, soll wiederkehren, die Thesen und im Kontext verwendeten Materialien sollen im Unterricht Verwendung finden können. Die Offenheit der Analyse nach dem Prinzip der Problemkreise – also mehr der Fragestellungen als der Antworten – soll eine entsprechende Offenheit des Unterrichtsgesprächs initiieren, wie es – so in der Analyse begründet – *EMILIA GALOTTI* gegenüber angemessen ist.
- Wie in der Analyse dargelegt, geht es in LESSINGS Drama nur in zweiter Linie um Fürstenwillkür und Unterdrückung von außen, es geht auch nicht so sehr um Fürstenerziehung und ständische Harmonisierungsstrategien unter dem Primat des *Herzens* und nach dem Muster des bürgerlichen Trauerspiels. Es geht vielmehr um Kritik an dem Bürgertum, das Mündigkeit als Ideal anstrebt, aber unter Steuerung durch starre Moralkodizes Entziehung der Mündigkeit als Erziehungsziel in praxi erreicht. Der Ein-

zelne steht somit im Widerspruch zu seinen eigenen Lebensräumen, die ihm eigentlich ein sittlich verantwortbares Leben gerade erst ermöglichen sollten. Das Ergebnis für die Hauptfigur im Drama ist Lebensangst, Aufgabe des Lebenswillens – für die Leser/Zuschauer: schonungslose Zeitkritik und damit einhergehend der Appell zur Veränderung bzw. die Forderung Lessings nach dem mutigen Menschen um eine Kernthese F. Dürrenmatts auf die Lessing-Zeit zu übertragen. Brecht hat den Zusammenhang von Lebensangst/Mutlosigkeit – Mut angesichts von Verhältnissen/Prinzipien, die für das Leben geschaffen das Leben gleichwohl erdrücken, in die schlichte Frage gekleidet: Wie ist es möglich, **gut zu sein und doch zu leben?** In z. T. erstaunlichem Gleichklang der Fragestellung (nicht der Antworten!) entfalten drei Dramen der Weltliteratur diese tiefgreifend existenzielle Frage (die Fragesteller, also die Hauptfiguren, sind in den drei Dramen wohl nicht zufällig Frauengestalten):

Sophokles *Antigone*	—	Lessing *Emilia Galotti*	—	Brecht *Der gute Mensch von Sezuan*

Wir schlagen diese Literaturabfolge als Inhalt einer entsprechenden Unterrichtsreihe vor, sofern es die Unterrichtsplanung erlaubt.

Vorausgehen sollte eine allgemeine Beschreibung (nicht Definition) der Gattung Drama, orientiert an seinen konstituierenden Elementen: Anlage zur unmittelbaren Versinnlichung auf der Bühne (Text als Partitur), Vergegenwärtigung dieser Versinnlichung in der Gleichzeitigkeit von (Theater-) Produktion und Rezeption (Präsenzpublikum), Ausrichtung auf Öffentlichkeit in konkretem Bezug zur jeweiligen Gesellschaft (Aktualität) sowie seinen wichtigsten Strukturelementen Handlung, Sprache/Dialogie, Figuration, Mimik, Gestik, Raum (Spielraum – *gespielter Raum*), Zeit (Spielzeit, Spiel-Zeit, *gespielte Zeit*) usw.[109]

Der Grundkurs sollte nach unserer Meinung eher inhaltlich/problemorientiert vorgehen, indem er die herausgearbeitete Leitfrage an den Spielfiguren Antigone – Emilia – Shen Te und den von ihnen repräsentierten kulturgeschichtlichen Phasen *Antike – Aufklärung – Kapitalismus* entwickelt und die im Drama gegebenen Lösungen und Antworten (genauer: Überantwortungen an den Zuschauer) zur Diskussion stellt.

Die den Menschen in seiner Existenz treffende Frage *Wie kann man gut sein und doch leben?* als Signal von Lebensangst des Individuums wird so differenziert in den Verhältnissen:

Mythos – Macht und Staatsräson (Chor) – Individuum (Antigone)
Theodizee/Sittenkodex – bürgerliche Aufklärungsgesellschaft – Individuum (Emilia)
Besitzökonomie – kapitalistische Warengesellschaft – Individuum (Shen Te)

Der Leistungskurs erweitert die Perspektive der Gehaltsanalyse um bewusst punktuell gesetzte dramentheoretische Gesichtspunkte:

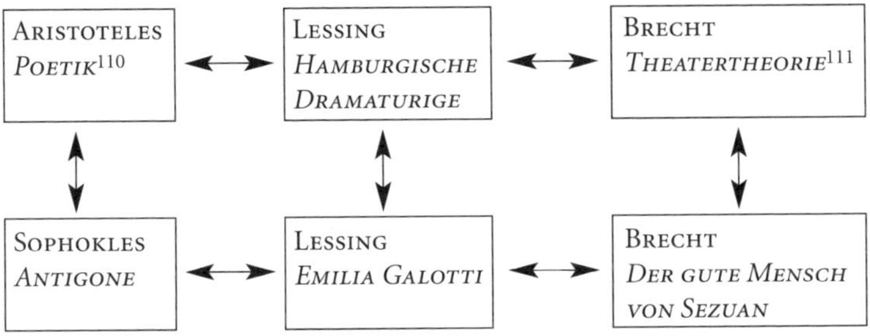

Dabei sind die Bezüge Theorie – Stück weder in der Antike noch bei Lessing und Brecht so anzusehen, dass das Stück als sinnfälliges Ergebnis sozusagen das Funktionieren der Theorie beweise. Vielmehr ist es wichtig, das wechselseitige Spannungsverhältnis von Theorie und Drama hervorzuheben ohne dem Besonderen gegenüber dem Allgemeinen und umgekehrt seinen Eigenwert zu nehmen. Den Hinweis zu geben, dass und wie Literaturtheorie und -kritik die Literatur selbst über die Jahrhunderte begleiten, ist ein wichtiges Anliegen des Leistungskurses. Es lässt sich kaum sonst nahtloser aufzeigen als in der dramentheoretischen Trias Aristoteles – Lessing – Brecht.[112]

Der Unterrichtsvorschlag ist jedoch so entwickelt, dass er auch völlig unabhängig von den anderen Stücken, Autoren und Theorien verwirklicht werden kann. Der Vorschlag wird zunächst beschrieben und erläutert, dann in Tabellenform zusammengefasst.

»Emilia Galotti«, eine Unterrichtssequenz

Das Problem der literarischen Großformen (bzw. der Ganzschriften überhaupt) im Unterricht ist nach wie vor erheblich. Eine analytische Lesepraxis ist bei den Schülern immer weniger vorauszusetzen angesichts eines gegenteiligen Leseverhaltens in der medienbestimmten Jugendfreizeitkultur. Häufig sind es auch Gründe, die im Deutschunterricht selbst liegen, die bewirken, dass Schüler in der Kommunikationssituation Schule/Kurs vorschnell *über* die Dinge reden und diskutieren wollen, ehe *die Dinge selbst* zur Sprache, d. h. ins Bewusstsein, gebracht worden sind. Das gilt besonders für die Großformen der Literatur, wo häufig nur noch Kenntnisse über *die wichtigsten Zusammenhänge* auf Handlungsebene vorhanden sind. Ein solches Verfahren wird der Literatur überhaupt, in unserem Falle Lessings *Emilia Galotti*, nicht gerecht.

Wir schlagen deshalb die Erstellung eines ausführlichen, Szene für Szene umfassenden Szenariums vor. Zweckmäßig ist, dass diese Arbeit *nach* dem ersten Lesen des Stückes (dieses, wie üblich, in vorbereitender Hausaufgabe) erfolgt und nicht schon zugleich, weil wichtige Leseeindrücke durch parallele Deskription verhindert werden. Die angemessene Arbeitsform ist jetzt Gruppenarbeit. Die Akteinteilung des Dramas gibt die Zahl der Gruppen vor. Am Ende dieser Phase sollten alle Kursteilnehmer über ein entsprechend vervielfältigtes Gesamtszenarium verfügen. Bevor die endgültige Niederschrift erfolgt, werden die Gruppenergebnisse im Plenum überprüft und ggf. korrigiert, sodass die zu vervielfältigende Schlussfassung auf die Zustimmung des ganzen Kurses trifft und somit für die Weiterarbeit als verbindlich gilt.[113] Folgendes Muster bietet sich für Grund- und Leistungskurs an:

1. Phase: Szenarium und Interpretationsgrundriss
Akt

Szene	Hauptpersonen/ Spielfiguren der Szene	Äußere Handlung, Zusammenfassung des Geschehens in Stichworten	Thematik, die in dieser Handlung zum Ausdruck kommt	Auffälligkeiten – der dramatischen Sprache – der dramatischen Strukturentfaltung – der Spannung – der Szenenlänge – der Vorausdeutung usw.

oder:

Szene	Welche Personen?	Welche Handlung?	Welches herauslesbare Thema?	Was fällt darüber hinaus zusätzlich auf?

Beispiel:

I8	Prinz Camillo Rota	Regierungsgeschäfte Kaltherziges **Recht gern** bei beabsichtigter Bestätigung eines Todesurteils	Tyrannen entscheiden über Leben und Tod ohne menschliches Gefühl. Sie sind unberechenbar	Krasse Korrektur des Bildes vom Prinzen, wie man es in I_{1-5} gewinnen konnte. Spannungssteigerung (Angst): Wird der Prinz auch Emilia gegenüber gewalttätig reagieren?

In Kap. 3.3 wird eine ausführliche Dokumentation des Dramas für den Lehrer angeboten. In ihr sind stark konzentriert Szenarium und Interpretationshinweise zusammengefasst. Der Lehrer mag selbst entscheiden, wie viel, auf Interpretationsebene, er in das Schülerszenarium einfließen lässt. Entscheidet er sich dafür, sollte die letzte Spalte des Szenariums nach den Gruppenergebnissen ausführlicher diskutiert und im lehrerzentrierten Unterricht dann entsprechend vertieft werden um bereits hier die Intepretationsebene im Ansatz zu erreichen. Für dieses Verfahren spricht, dass damit der Herstellung des Szenariums ein rein technischer Charakter vordergründiger Informationsauflistung genommen wird und am Ende dieser ersten (dann freilich längeren) Phase eine Grundinterpretation des Stückes bereits geleistet ist. Wie ausführlich diese ist, liegt während der gesamten Phase ganz in der Entscheidung des Lehrers/der Lehrerin (Kompetenz und Belastbarkeit des betreffenden Kurses, Motivationspegel usw.). Die in Kap. 3.3 entworfene Interpretationsskizze nennt in den Spalten **zentrale Thematik** und **Anmerkungen zur dramaturgischen Konzeption** die wichtigsten Interpretationsansätze[114], die dafür infrage kommen sowie Merkmale der Dramenstruktur und Wirkungskriterien. Sind diese Hinweise szenenbezogen, so wird die Perspektive in den stichwortartigen Zusammenfassungen (innerhalb des Szenariums) nach jedem Akt erweitert. Hinzu kommen Diskussionen zu der Frage, ob *Emilia Galotti* ein politisches Drama und/oder ein bürgerliches Trauerspiel sei, sowie zur Sprachproblematik (3.4–3.6). Schließlich folgen die Interpretationsansätze des Kapitels 4 (4.2 gibt eine Zusammenfassung, in 4.3 bis 4.10 werden Einzelaspekte in thesenhaftem Zuschnitt thematisiert).

Das am Anfang stehende stufenförmige Unterrichtsmodell vom Szenarium zum interpretatorischen Grundriss erfordert – je nach Ausweitung und Intensität auf Verstehensebene – etwa fünf Doppelstunden (nach eigener Probe). Das Ergebnis ist eine selbst erarbeitete Grundlage des Kurses und bildet eine Einheit von Sachinformationen und Verstehensleistungen. Auf dieser Basis erfolgt die Weiterarbeit in weiteren Stufen, wie oben vorgeschlagen (vorwiegend LK, s. u.).

2. Phase: Lernerfolgskontrolle

Die Vielfalt der Informationen auf Geschehensebene, die Entwicklung der Spielfiguren, ihre Verhältnisse untereinander und ihre Bewertung durch den Leser bedingen – gerade auch angesichts der literarischen Großform Drama – eine Zusammenfassung. Sie soll – als Ergebnis – der Übersicht dienen (ist dann also wiederum eine selbst verfasste Arbeitshilfe); als gemeinsam zu leistende Aufgabe ist sie ein geeignetes Mittel zur Überprüfung des bisherigen Lernerfolgs im Kurs.

Wir schlagen dazu die Erstellung eines Tafelbildes vor.[115] Im Mittelpunkt steht die Titelfigur des Dramas:

- In welchen personalen Bezügen steht Emilia?
- Welche Charaktereigenschaften, Prinzipien usw. sind maßgeblich für diese Kontaktpersonen?
- In welchen Verhältnissen stehen sie untereinander?
- Welche gesellschaftlichen Gruppen vertreten sie?
- Durch welche mehrfach gegensätzlichen Lebensprinzipien und Machtverhältnisse wird Emilias Position gleichsam *zugemauert* bis zur Ausweglosigkeit?

Die Fragen sind gegebenenfalls mehrfach zu erweitern und grafisch zu gestalten. Wir geben zur Veranschaulichung folgendes relativ einfache Beispiel, welches vielfach variiert bzw. modifiziert werden kann. Die aus dem Bild und seinem Sinngefüge abgeleiteten Fragen haben dann schon die Funktion einer ersten Gesamtinterpretation.

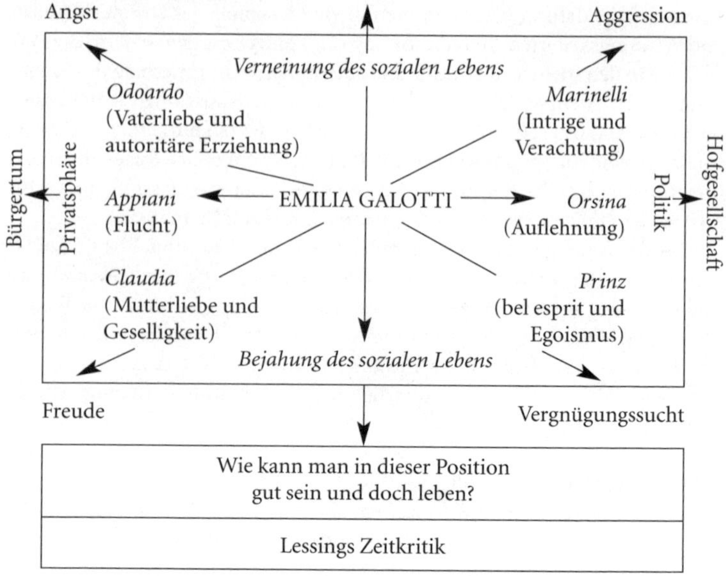

3. Phase: Theaterdidaktische und produktionsorientierte Arbeitsformen
Zu welcher dramendidaktischen Position der Lehrer/die Lehrerin auch immer neigen mag – es entspricht aktuellem, mediendidaktisch beeinflusstem Standpunkt, den das Drama konstituierenden Medienwechsel – vom Textbuch zur theatralischen Komposition – immer auch mit zu bedenken und im Unterricht zu thematisieren. Wie ausführlich dieses geschieht, mag höchst unterschiedlich sein, und der Faktor *Zeit* ist gerade hier von größter Bedeutung. Wenigstens jedoch *einen Blick* in die theatralische Dimension des Dramas zu werfen, etwa in einer Doppelstunde, ist unumgänglich. Dabei sind produktionsorientierte und theaterdidaktische Vorhaben häufig deckungsgleich – aber nicht identisch. Sie werden deshalb auch in zwei alternativen Vorschlägen zur dritten Phase vorgestellt.
Folgende theaterorientierte Verfahren sind inzwischen üblich:

- (Teilweise) Dramenanalyse, ausgehend von einer konkreten Inszenierung, die als Video vorliegt. (Es ist nicht sehr schwierig, an eine EMILIA GALOTTI-Aufzeichnung zu kommen; s. öffentliche und gewerbliche Videotheken, Videohandel sowie häufig auch die Videobestände besonders engagierter Kolleginnen und Kollegen, manchmal auch schon die Schulvideotheken.) Dabei ist die vorgeführte Inszenierung (oder Szenen daraus) eine Verstehenshilfe für die Schüler/innen: Sie macht aufmerksam auf die sinnlich-theatralische Dimension des Dramas als *Spielhandlung auf der Bühne* und zeigt zugleich *eine Interpretation* (des betreffenden Regisseurs, des Bühnenbildners und des Ensembles) – aber nur *eine* unter vielen, potenziell ganz anders akzentuierten, die sich ebenso sorgfältig um Verstehen bemüht haben. Die Inszenierung ist also eine Interpretation, die, aus Versinnlichung und Anschauung gewonnen, der Kritik und Auseinandersetzung seitens der Schüler/innen bedarf. Als rein passive *Abrundung* am Ende einer Unterrichtseinheit erfüllt sie keine dramendidaktisch akzeptable Funktion.

- Simulative Verfahren, Methoden der Theaterproduktion in den Unterricht zu integrieren, d. h. Strichfassungen, Bühnenbildentwürfe, Szenenchoreographien, Figurentableaus, Kostümentwürfe, Programmhefte, Rollencharakteristiken usw. (s. dazu Payrhuber, F. J.: Das Drama im Unterricht. Aspekte einer Didaktik des Dramas. Rheinbreitbach 1991 [allg.], Göbel, K. [s. Anm. 21, zum *Regiebuch* im Dramenunterricht] und am konkretesten Scheller, I. (s. Anm. 67) zur szenischen Interpretation von *EMILIA GALOTTI*.)
- Beiden theaterdidaktischen Schwerpunkten dienen – wo immer möglich – Theaterbesuche hinter den Kulissen, Gespräche mit Theaterleuten und Probenbesuche. Inzwischen bietet die Mehrzahl der deutschen Stadt- und freien Theater mit ihren theaterpädagogischen Diensten solche unterrichtsergänzenden Maßnahmen an. Aber auch die Bildstellen stellen Materialien zur Theaterpraxis (Wie entsteht eine Inszenierung?) in Form von Diaserien und Videos (FWU) zur Verfügung.

Wir schlagen hier nur wenige Aspekte aus der fast unendlichen Fülle theaterorientierter, kreativer Möglichkeiten vor, damit im Kontext mit den anderen Unterrichtsphasen der Zeitplan nicht so eskaliert, dass er für die Praxis unrealistisch wird. (Für komplexere Vorhaben sei erneut auf I. Schellers systematische Konzeption verwiesen, s. Anm. 67.)

Als Alternativvorschlag wird eine produktionsorientierte Phase angeboten, die nicht die Möglichkeiten szenischer Realisierung thematisiert, sondern den Aspekt des kreativen Schreibens und Handelns im Unterricht.

Solche Arbeitsschritte im Rahmen von Unterrichtsplanung sind heute unverzichtbar für das Lernen an und durch Literatur. Die Varianten solcher Vorhaben sind sehr vielfältig und reichen bis zum vom Basistext völlig gelösten freien Schreiben/Gestalten. Wir verstehen produktionsorientierte Arbeit am Text als der ästhetischen Literatur angemessene Form eines phantasiegeleiteten *Textverstehens*, dessen Förderung alle kreativen Arbeitsschritte letztlich dienen. Wir folgen damit der grundlegenden didaktischen Theorie G. Waldmanns.[116]

Wir betrachten die skizzierte Arbeitsphase als in sich geschlossene Einheit in der Mitte des gesamten Unterrichtsentwurfs zu *EMILIA GALOTTI*. Dieses scheint pädagogisch angemessen, weil die vorhergehenden und kommenden Unterrichtsschwerpunkte z. T. besonders abstrakt bzw. theorielastig sind. Die Vorschläge können jedoch auch einzeln an passender Stelle in die anderen Phasen integriert werden.

4. Phase: Drama und Dramentheorie

Ungeachtet der Frage, ob es sich bei der *HAMBURGISCHEN DRAMATURGIE* um einen mehr oder weniger geschlossenen dramentheoretischen Entwurf handelt, zeigen LESSINGS Beschreibungen von Konzeption und Wirkung der *wahren* Tragödie ein dramaturgisches Grundkonzept, das bis zu Beginn des 20. Jhs. die Geschichte des deutschen Dramas maßgeblich bestimmte. Mehr noch: Es zeigt eine Grundform der literarisch-theatralischen Gattung *Drama* überhaupt, unabhängig von Zeiten und Stilen. Insofern ist es angemessen, eine Unterrichtssequenz zu *EMILIA GALOTTI* mit Perspektiven der *HAMBURGISCHEN DRAMATURGIE* zu verbinden. Wir reduzieren diesen Einschub wegen des von uns gewählten Schwerpunkts für die gesamte Reihe jedoch auf das Notwendigste. Der (problematisierende) Bezug auf *EMILIA GALOTTI* sollte auf jeden Fall erhalten bleiben. Schwierig ist die Auswahl eines repräsentativen Kapitels (*Stückes*). Wir haben uns für das *32. Stück* entschieden, weil es alle wichtigen Kriterien von LESSINGS Konzeption zusammenfasst. Der Text ist in Kap. 3.2 gegliedert abgedruckt und ausführlich kommentiert. Der Kommentar nimmt auch die ARISTOTELES-Perspektive auf und stellt die Thematik von Furcht-und-Mitleid-Katharsis vor.

Wir schlagen für die Darstellung des *32. Stücks* zunächst den Lehrervortrag vor.[117] Die Schüler erhalten dazu den Text in der gegliederten und bezifferten Fassung, wie in 3.2 abgedruckt. Der Lehrer erläutert den Text unter Betonung (Tafel!) der Faktoren, die besonders entscheidend sind für die Begründung des modernen Illusionstheaters in LESSINGS Prägung (Kausalität, Nachahmung, innere Wahrscheinlichkeit, Charakterkonzeption usw.) bis zum Ziel des Trauerspiels: Furcht und Mitleid mit dem Zwecke von Katharsis. Auch der Kommentar hebt auf die Herausstellung dieser Begriffe ab, sodass der Lehrer ihm (erweiternd/reduzierend) folgen kann. Die Phase 4 ist bei konzentrierter Arbeit in einer Doppelstunde zu bewältigen.

Die Hausaufgabe (schriftlich) bereitet die nächste Doppelstunde als Diskussionsrunde vor: Sind die während des Lehrervortrags aufgelisteten Kriterien der *HAMBURGISCHEN DRAMATURGIE* zu Kennzeichen, Ziel und Zweck des Trauerspiels in *EMILIA GALOTTI* wiederzufinden, nachzuweisen und nachzuvollziehen? Wo gibt es Brüche? Wie sind diese zu erklären?

Wir haben in unserer Interpretation mehr Diskrepanzen als Übereinstimmungen gefunden, insbesondere in dem unserer Meinung nach offenen, bewusst provozierenden Schluss des Stückes weniger Furcht-und-Mitleid-Strategien erkannt als vielmehr einen schockierenden Appell LESSINGS für mehr individuelle, soziale und politische Mündigkeit und gegen Erziehungstyrannei. Einer solchen Interpretation ist jedoch nur ein Teil der LESSING-Forschung verpflichtet. Wir bringen sie deshalb nur als Anregung an dieser Stelle ein. Maßgeblicher und für das Unterrichtsgespräch förderlicher sind vielmehr Beispiele aus der Rezeptionsgeschichte. Wir haben dazu in Kap. 2, mit Dokumenten versehen, einen ausführlichen Abriss gegeben.[118]

5. Phase: Das Drama in der Kritik

Texte zur *Emilia Galotti*-Rezeption eignen sich vor allem deswegen für den Unterricht, weil sie eine Dimension des Gegenübers zum Text eröffnen und insofern der Position der Schüler entsprechen. Im Übrigen bieten sie Formulierungshilfe für eigene Kritik bzw. fordern zum Widerspruch heraus –

- kurz: Solche Texte sind Diskussionspartner der Schüler bei ihrer eigenen Stückkritik.

Wir schlagen folgende Rezensionen vor:

- Matthias Claudius (1772) – der zeitgenössische Dichter, Herausgeber und Rezensent des ***Wandsbecker Bothen***
- Jacob Mauvillon (1772) – der liberaldemokratische Politiker
- Franz Mehring (1893) – der Marxist und Literaturkritiker[119]

Ihre Kritik ist in folgenden Thesen zusammenzufassen:

Claudius: Das Stück ist sonderbar, am Ende völlig unwahrscheinlich und unmoralisch.

Mauvillon: Das Stück entspricht den Regeln der *Hamburgischen Dramaturgie*, ist aber gerade deswegen völlig uninteressant und unübersichtlich. Unverzeihlich ist auch, dass Emilia so wenig selbst auf der Bühne anwesend ist. Der Zuschauer wird durch Nebenhandlungen abgelenkt, weil Lessing geradezu penetrant den natürlichen Verlauf sucht, den die *Dramaturgie* fordert.

Mehring: Das Stück ist hoch zu rühmen. Es ist eine schonungslose Anklage gegen die feudalabsolutistische Zeit des 18. Jhs. Es ist eine erschütternde Satire, keine Tragödie. Es bewirkt nicht Furcht und Mitleid, sondern den Schock durch Einbruch des Grässlichen. Der Schluss ist keine Erfindung des Dramatikers Lessing, sondern entspricht unverstellt den politischen Zuständen der Zeit.

Die Dokumente werden als Hausaufgabe von einzelnen Schülern vorbereitet und zusammenfassend in Thesenform in das Kursplenum eingebracht. Den Texten gemeinsam ist, dass sie das Stück an der *Hamburgischen Dramaturgie* spiegeln – mit unterschiedlichen Ergebnissen und Zielrichtungen, die sich dann von der *Hamburgischen Dramaturgie* entfernen und die Grundproblematik des Stückes thematisieren – zustimmend oder in unverblümter Distanz (beides begründet!). Diesen Weg sollte auch die Diskussionsrunde des Kurses gehen. Für den Grundkurs ist damit der Abschluss der Unterrichtseinheit erreicht.

6. Phase: Weiterführende Informationen und Analysen im LK

Der Leistungskurs hat die bislang skizzierten Phasen ausführlicher behandelt. Perspektiven dieser Ausführlichkeit, quantitativ wie qualitativ, sind in unsere Darstellung eingearbeitet.[120] Er setzt die Arbeit fort mit Schwerpunkten im Detail. Unsere Analyse gibt dafür Vorschläge, die schon auf den Unterricht zugeschnitten sind – z. B.

- *Emilia Galotti:* ein politisches Drama mit dem Ziel der Anprangerung und Veränderung aktueller politischer Zustände? Kap. 3.4 zieht die Linie von dem zugrunde liegenden *Virginia*-Motiv bei Livius[121] zu Lessing und dokumentiert die merkwürdig gespannte Situation in Braunschweig während der Drucklegung und vor der Uraufführung sowie Lessings um so merkwürdigeres Verhalten danach.
- Sprache und Sprachhandeln der Spielfiguren (Kap. 3.6 und 4.9) sowie Sprachkritik als immanentes Thema des Dramas
- Zur Erziehungsproblematik im 18. Jh.: Die Bedeutung des Buches *Jesus Sirach.* Die Schauergemälde von den Gefahren der äußeren Welt – Tugend/Ehre – Lebensangst – Lebensunfähigkeit (Kap. 4.7 bis 4.8)
- Der offene Schluss des (der Tendenz nach) offenen Dramas mit Appellfunktion an den Zuschauer (Kap. 4.4–4.6, 4.10)

Ausblick: »Der gute Mensch von Sezuan«
Wir haben die gesamte Unterrichtsreihe unter die Leitfrage nach den Existenzbedingungen und -möglichkeiten des Individuums gestellt, dem unter der Übermacht religiöser, sittlicher, moralischer, sozialer, politischer und anderer Prinzipien das Erleben seiner eigenen Subjektivität unmöglich gemacht wird.

Wie ist es in dieser oder einer anders gestalteten Welt möglich **gut zu sein und doch zu leben?** In dieser Formulierung ist die Frage Kernproblem in B. Brechts Parabelstück *Der gute Mensch von Sezuan.* Aus einer völlig anderen Sichtweise und doch unter derselben existenziellen Bedrohung ist Shen Tes Notschrei auch Emilia Galottis Leitfrage. Beide Stücke sind durch diese Grundfrage bestimmt – bei unterschiedlichen Ursachen, anderen Fabeln und sicherlich anderen Lösungsintentionen. Doch beide Stücke bleiben ohne eigentlichen Schluss, die alles bestimmende Frage wird – in dem einen indirekt, in dem anderen ausdrücklich im Epilog – zur Beantwortung an den Zuschauer übertragen. In beiden Stücken wird auch die Verantwortung einer Transzendenz aufgerufen, im Fall von Shen Tes Göttern ohne Hoffnung, bei *Emilia Galotti* mit einem immer wieder angedeuteten Vertrauen auf das Einwirken der Theodizee.

Das Recht auf Entfaltung der eigenen Subjektivität und die das Individuum und seine Natur bestimmenden Lebensbedürfnisse, allem voran Liebe, stehen in Konflikt mit Maximen, Praktiken und Verhältnissen, die von außen kommend das Individuum an seiner Entfaltung hindern, ihm Leben unmöglich machen oder es andernfalls als schlechten Menschen sozialethisch disqualifizieren: **Gut zu sein und doch zu leben** ist beiden Hauptgestalten, Emilia und Shen Te, unmöglich.

Die individuelle, psychologisch motivierte Gestaltung Lessings auf dem schemenhaften Hintergrund einer latent klassenantagonistischen Struktur von Fürstenwillkür und unmündigem Bürgertum führt bei Brecht zur Demaskierung der bürgerlichen Gesellschaft, die sich mit ihrem Sittenkodex und ihren Weltanschauungen selbst ad absurdum führt, indem sie das Gute zum Maßstab ihres Systems erklärt um es in der Lebenspraxis zu verhindern. Daran zerbrechen Menschen. Zwischen beiden Stücken liegen Welten (und 170 Jahre europäische Sozialgeschichte), aber in beiden Stücken scheitern Menschen an der verschuldeten/nichtverschuldeten Unfähigkeit/Unmöglichkeit des Ausgleichs von Individuum und Gesellschaft. **Was könnte die Lösung sein?** [...] **Soll es ein anderer Mensch sein? Oder eine andere Welt?/Vielleicht nur andere Götter? Oder keine?** – Eine an *Emilia Galotti* anschließende und auch auf Lessing rückwirkende Unterrichtseinheit drängt sich auf.

3 Tabellarische Zusammenfassung

Verwendete Abkürzungen

A	= Alternative	PRO	= produktionsorientierte Themen- oder Aufgabenstellung
GA	= Gruppenarbeit	Ref	= Referat
GK	= Grundkurs	SV	= Schülervortrag
HA	= Hausaufgabe	UE	= Unterrichtseinheit
KRef	= Kurzreferat	UG	= Unterrichtsgespräch
LK	= Leistungskurs		
LV	= Lehrervortrag		

Voraussetzungen im Rahmen einer weiter gefassten Unterrichtsreihe

Z. B. UE

auch unabhängig davon

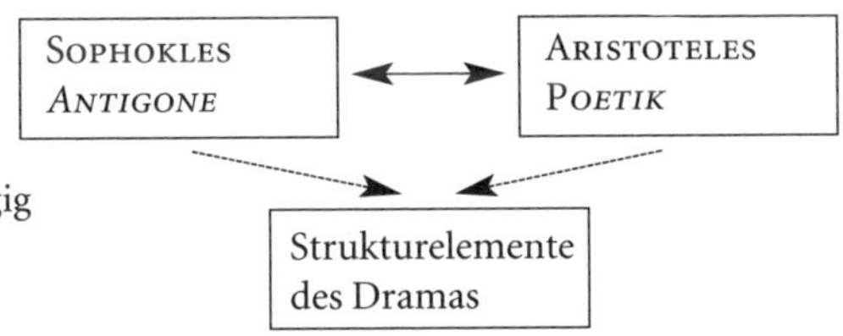

1. Phase

Stunden	Thema	Didaktische Aspekte (Inhalte/Ziele)
1./2.	*Emilia Galotti:* Erstellung eines Szenariums mit Interpretationsgrundriss (s. Muster in Kap. 3.3 bzw. S. 100)	– Herstellen einer eigenen, möglichst verlässlichen Arbeitsgrundlage des Kurses mit allen wichtigen Fakten auf Szenenbasis, mit Hinweisen auf Auffälligkeiten und Interpretationsgrundlagen. Die Eigenleistung der Schüler ist dabei von besonderer Wichtigkeit. Insofern ist Vollständigkeit nicht anzustreben. – Betonung der Detailarbeit am Text durch Faktensammlung, Einordnung von Zusammenhängen und textgesicherten Schlussfolgerungen, schließlich erste zusammenhängende Interpretation. (Das Drama ist für Detailarbeit besonders geeignet, weil es durch Akt- und Szeneneinteilung den Text anschaulich vorstrukturiert.)
3./4.	wie bei 1. und 2. Stunde der 1. Phase	wie bei 1. und 2. Stunde der 1. Phase

Methodische Realisierung/ Verlauf	Hausaufgabe
– Beschreibung der Aufgabe und Hinweise über Sinn und Zweck des Szenariums als ständig allen Kursteilnehmern zur Verfügung stehende Übersicht zur gesamten UE – Vorstellung eines Musters für die tabellarische Ausarbeitung und gemeinsame Probe an einer Szene (s. S. 100) – Gruppenbildung: Fünf Gruppen für die Akte I–V – GA: Erstellung der Aktszenarien Der Lehrer steht den Gruppen insbesondere für Formulierungshilfen zur Verfügung. Konzentrierte Stichwortformulierungen fallen den Schülern anfangs nicht leicht. Der Lehrer hilft weiter bei der Suche nach Auffälligkeiten im Inhalt und in der Komposition des Dramas (zur Orientierung s. Kap. 3.3)	Jede Gruppe überträgt ihr Ergebnis in eine ordentliche Kopiervorlage (Druckschrift oder Maschinenschrift) und stellt Vervielfältigungen her.
– Verteilung der Kopien, sodass alle Schüler über ein komplettes Szenarium verfügen (Heftung) – Die Gruppen erläutern zu den von ihnen bearbeiteten Akten I bis V ihre Tabelle, beschreiben und rechtfertigen ihre Stichworte und beantworten Fragen der Mitschüler zu Einzelaspekten. Der Lehrer/die Lehrerin ist Diskussionsleiter um Zielstrebigkeit und Konzentration bei dieser ersten Offenlegung des gesamten Dramas zu gewährleisten. Er/sie gibt erneut Formulierungshilfe, vermittelt zwischen den Gruppen und verweist auf Schwerpunktszenen in den einzelnen Akten, sofern solche Hinweise nicht von den Gruppen selbst kommen.	Die Schüler beschäftigen sich erstmals mit szenenübergreifenden Sequenzen und entsprechenden interpretatorischen Perspektiven. Schriftl. Hausaufgabe: Wie viel Zeit vergeht vom Beginn des Dramas bis zum Überfall in III 1? Zu welcher Tageszeit beginnt das Drama, welcher Zeitpunkt ist in III 1 erreicht? Welche Konsequenzen hat die dargestellte Zeitspanne für das Handeln der Hauptfiguren? Ein zweiter Teil der Schüler übernimmt dieselbe Aufgabe für die Zeitspanne von III 1 bis zum Dramenende (Information dazu s. Kap. 4.4).

Stunden	Thema	Didaktische Aspekte (Inhalte/Ziele)
5./6.	wie bei 1. und 2. Stunde der 1. Phase	wie bei 1. und 2. Stunde der 1. Phase

A: 1. Phase bei Verzicht auf ein Szenarium

Stunden	Thema	Didaktische Aspekte (Inhalte/Ziele)
1./2.	Besondere Auffälligkeiten und Versuche einordnenden Verstehens	Die Schüler haben während der häuslichen Lektüre – wie üblich – auffallende Textstellen unterstrichen bzw. mit Anmerkungen versehen. – Eine noch nicht in die Tiefe gehende Analyse der auffälligsten Szenen in vom Dramengeschehen vorgegebener Reihenfolge erbringt ein Handlungsschema und eine Übersicht zur Konfliktstruktur. Damit wird auch eine Orientierungsgrundlage für die weiteren Unterrichtsvorhaben erstellt. Alle Auffälligkeiten beziehen sich – direkt oder indirekt – auf die Titelfigur Emilia. So soll auch die Aufzählung immer mit dieser Perspektive verknüpft werden.

Methodische Realisierung/ Verlauf	Hausaufgabe
Schülerreferat: Vorlesen (oder Zusammenfassen) der Hausaufgabe mit dem Stundenziel: Die rasende Zeit bei einer Fülle an Begebenheiten nimmt den Figuren die Übersicht, verhindert das Nachdenken (z. B. über mögliche Konsequenzen von Plänen, Entschlüssen usw.), alle Personen des Dramas kommen nicht zur notwendigen **Besonnenheit,** weil ihnen keine Zeit bleibt vernünftiger zu handeln. Auch die Hektik ist ein Grund für die Katastrophe.	

Methodische Realisierung/ Verlauf	Hausaufgabe
I 1: **Gewährt – Recht gern/** I 4: Conti-Szene: Der Prinz ist geradezu maßlos in Emilia verliebt. Es wird für sie ganz schwer sein, sich ihm zu entziehen. I 6: 1. Marinelli-Szene: Zur Liebe kommt Intrige hinzu. Der Hofschranze entwickelt einen miesen Plan. Emilia wird dadurch noch mehr unter Druck geraten. I 8: **Recht gern:** Zu Liebe und Intrige kommen jetzt noch pure Macht und Gewissenlosigkeit. Was hat Emilia da noch entgegen zu setzen? II 2: **Ein (Schritt) ist genug für einen Fehltritt:** Auch von ihrer Familie hat Emilia wohl nicht viel Hilfe zu erwarten. Einem solchen Vater wird die taktische Klugheit fehlen Gewalt zu vermeiden. II 6: **Und sündigen wollen auch sündigen:** … II 7: Der Verlobte Appiani tritt zum ersten Mal auf: … usw.	1. Gruppe: Der Racheplan der Orsina sieht vor den Prinzen zu ermorden. Als ihr Werkzeug – als Täter sieht sie Odoardo vor. Wie, mit welchen taktischen Argumenten kann sie ihn davon überzeugen? (Akt IV) 2. Gruppe: Der V. Akt korrigiert ständig den Racheplan und wendet ihn schließlich zur Verzweiflungstat des Mordes an Emilia. Beschreiben Sie die wichtigsten Stationen dieser Entwicklung in Stichworten unter genauer Szenenangabe.

Stunden	Thema	Didaktische Aspekte (Inhalte/Ziele)
3./4.	wie bei 1. und 2. Std.	Nach der Besprechung der Hausaufgaben, deren Ergebnisse beide Gruppen vorstellen, ist spätestens jetzt der Weg in tiefer liegende Interpretationsschichten frei. Mit diesem Ziel erfolgen jetzt exemplarische Interpretationen von Schwerpunktszenen.

2. Phase

Stunden	Thema	Didaktische Aspekte (Inhalte/Ziele)
7.–9.	Figurenkonstellation und Problemdifferenzierung (Tafelbild)	– Zusammenfassung und Differenzierung der Konfliktsituation durch Darstellung der Beziehungen zwischen den handelnden Figuren von einem Mittelpunkt (Emilia Galotti) aus – Ziel: optisch-grafische Veranschaulichung komplizierter Verhälntisse zwischen den Menschen des Dramas und den von ihnen vertretenen Prinzipien und Lebensauffassungen – Die Aufforderung zur optischen Gestaltung im ausführlichen Tafelbild darf nicht Selbstzweck werden. Es ist vielmehr ein methodisch-motivierendes Mittel zwecks Erkenntnisvertiefung. – Die Phase dient zugleich als Lernerfolgskontrolle, bezogen auf Phase 1.

Methodische Realisierung/ Verlauf	Hausaufgabe
Vorstellung und kritische Diskussion der Hausaufgaben und Überleitung zu ausführlicherer Analyse zu (fakultativ): I. Akt: I 1 im Verhältnis zu I 8 (**Gewährt – Recht gern:** Wie regiert der Prinz?) oder: I 6, I 7 Entstehung des doppelten Plans als Auslösung des Konflikts. (Marinellis Intrigen-Plan, des Prinzen Kirchgangs-Plan) 2. Akt: II 1, 2, II 4 (Das Elternhaus Emilias, Erziehungsgrundsätze) II 6 (Der erste Auftritt Emilias, Charakterisierung der Titelfigur) 3. Akt: III 1, III 2 (Der Überfall: aus Intrige wird brutale Gewalt; Problem der Verantwortung und Schuld: Prinz, Marinelli, Angelo) oder: III 5 (Erste Begegnung Emilia–Prinz auf Dosalo, wie verhalten sich beide zueinander? – Zwang, Zuneigung, Abscheu, Aneinandervorbeireden) oder: III 7, 8 (Claudia als Augenzeugin der Tat: Wie verhält sich die Mutter in dieser Situation?) 4. Akt: IV 3 (1. Auftritt der Orsina (Charakterisierung/Das Thema des Zufalls? der Planung? der Vorsehung? über den ganzen Akt)) (unverzichtbar): 5. Akt: V 5 (Das Haus der Grimaldi ist von wesentlicher Bedeutung für die Verzweiflungstat des Vaters – warum?) oder: V 7 (Mit welchen Argumenten gelingt es Emilia, den Vater zur Tat anzustiften?) V 8 (Bewertung der Schlussszene, Schuldfrage und damit Lessings Appell zur Veränderung der Verhältnisse)	(schriftlich): In V 7 gibt Emilia selbst eine Analyse ihrer Situation und nennt Beweggründe für ihren Todeswunsch. Überprüfen Sie diese Argumente kritisch, indem Sie fragen, ob bei nüchterner Einschätzung aller Umstände die Katastrophe vermeidbar gewesen wäre.

Methodische Realisierung/ Verlauf	Hausaufgabe
– Eine Diskussion der letzten Hausaufgabe (Ausweglosigkeit oder Ausweg für Emilia) führt zum Arbeitsauftrag: – Im Mittelpunkt eines Schritt für Schritt entstehenden Tafelbildes steht der Name der Titelfigur; – ihr werden die anderen Figuren zugeordnet, die Zuordnung wird jeweils begründet; – die Position Emilias zwischen jeweils gegensätzlichen Charakteren, gegensätzlichen Prinzipien und Lebensauffassungen wird auch optisch-grafisch immer deutlicher. Schließlich erscheint Emilia von den vielfachen Gegensätzen und Gewalten regelrecht *ummauert,* d. h. gefangen. Lessings zentrale These von der Unmöglichkeit eines selbst bestimmten Lebens – genauer der Abschnürung des Lebens unter solchen Bedingungen (und damit Lessings scharfe Zeitkritik) – soll am Ende des Bildaufbaus so plastisch wie möglich sichtbar werden (s. dazu unseren Bildvorschlag in den Erläuterungen zu dieser UE. S. 102)	Herstellen einer entsprechenden Textgrafik mit der Spielfigur Odoardo Galotti im Zentrum des Beziehungsgeflechts. Ziel: Auch die anderen Figuren des Dramas handeln in Beziehungs- und Prinzipienzwängen, denen sie nicht entrinnen können.

3. Phase

Stunden	Thema	Didaktische Aspekte (Inhalte/Ziele)
10./11. GK oder GK 10./11. und 12./13. LK (2 Doppelstunden)	*Emilia Galotti* unter Theaterperspektive	Das Drama ist – mediendidaktisch akzentuiert – nicht nur Lesetext, sondern als solcher Spielvorlage (Partitur) zur Realisierung auf der Bühne, also ein Text zur Versinnlichung, die nicht reflexiv, sondern produktiv erfahrbar wird. Solche Erfahrungen der Schüler durch Imagination, Phantasie und Gestalten ergänzen nicht nur analytisch-intellektuelles Lernen, sondern sind bei der Textsorte Drama/ Stück unabdingbar. Es werden nur elementare Übungen vorgeschlagen, die im LK vielfältig erweiterbar sind (s. S. 102 f.). Wichtig ist, dass alle Ergebnisse am Ende auch begründet werden und so die Produktion als sinnliche *Verstehens*leistung erkennbar wird.

Methodische Realisierung/ Verlauf	Hausaufgabe
– Die Spielorte des Stücks (Kabinett im Stadtschloss des Prinzen, Wohnzimmer im Hause der Familie Galotti, Empfangssaal des Lustschlosses Dosalo) haben auch eine weiterführende Bedeutung. Sie signalisieren, wie man in diesen Zimmern lebt, wie man denkt und fühlt, wie man spricht und handelt usw. Die Schüler entwerfen in Gruppenarbeit (3 Orte ≙ 3 Gruppen) Bilder von diesen Orten (= Bühnenräumen). Die Skizzen können provisorisch sein, farbig ausgestaltet oder gar plastisch entworfene, kleine Bühnenbildmodelle (was freilich sehr zeitaufwendig wäre). Der Lehrer/die Lehrerin gibt Impulse: – Ist der betreffende Spielraum sehr farbig, welche Farben dominieren, sind eher Grautöne bestimmend usw.? – Ist die Bühne eher weit, hoch und tief oder beengt usw.? – Soll das Bühnenbild realistisch, gar historisch präzise sein oder eher stilisiert (mit wenigen, notwendigen Interieurs – welche?) oder völlig abstrakt (nur noch Formen und Farben bestimmen den gegenstandslosen Raum)? – Auch die Kostüme der handelnden Figuren sind von Bedeutung für die Auffassung vom Stück. Die Schüler entwerfen in ihren Gruppen zum Bühnenbild passende Kostüme für die Hauptfiguren in Beschreibungen, Skizzen und einfachen Figurinen. Auch hier sind wieder die Fragen leitend nach Formen und Farben, Schnitten und Accessoires, historischer Treue, stilisierten Kostümen oder abstrakten Trikots. Auch eine Erörterung der Frage, ob *Emilia Galotti* in heute gängiger Alltagskleidung gespielt werden könnte (d. h., was das für eine Bedeutung für das Verstehen des Stücks hätte), mag aufschlussreich sein. – Schließlich sollen die Schüler einige Aussagen machen, wie sich die Bühnenfiguren (natürlich besonders Emilia) in *diesem* Bühnenbild, in *diesem* Kostüm in Mimik, Gestik und Bewegung darstellen. (Verschlossen, ängstlich, devot, linkisch, selbstbewusst, herrisch, raumgreifend, elegant, tänzelnd, stockend, schweren Schritts, zögerlich, schwebend usw.) s. I. Schellers weitreichendes Konzept szenischer Interpretation (s. Anm. 67) oder Inszenierungsanalyse einer professionellen Theateraufführung (Video)	

weiterer Unterrichtsverlauf im LK:

A: 3. Phase mit produktionsorientierten Schwerpunkten

Stunden	**Thema**	**Didaktische Aspekte (Inhalte/Ziele)**
1./2.	Kreativ-produktionsorientierte Annäherung an das Drama	Die Phase 2 endete mit unserem Vorschlag zur Erörterung der Frage, wie man gut sein und doch leben kann (oder wie die Zeit Lessings unter dieser Perspektive Leben erdrückt und letztlich unmöglich macht). Diese Frage des Verstandes soll nun durch Schreib- und Handlungspraxis vertieft erfahrbar werden. Das Drama handelt vom Verstand und dem Herzen (s. I 4, Lessings Regieanweisung an den Darsteller des Prinzen), von intrigantem Kalkül und vielfältigen Seelenzuständen. Besonders diese müssen auch im Unterricht erfahrbar werden – und zwar kreativ.
3./4.	wie 1. und 2. Std. der alternativen 3. Phase	wie 1. und 2. Std. der alternativen 3. Phase

Methodische Realisierung/ Verlauf	Hausaufgabe
Aufgabe an die Schülerinnen des Kurses: Versetzen Sie sich in die Figur der Emilia, machen Sie sich die Situation am Ende des IV. Aktes so klar wie möglich und stellen Sie sich vor, Sie hätten vor der entscheidenden Wiederbegegnung mit dem Vater (V 7) in Ihrer Not noch Zeit einen Brief zu schreiben. Er richtet sich an einen Brieffreund in einem anderen, freieren Land Europas. Sie vertrauen dem Partner sehr und bitten ihn um Rat, um Ihnen aus der Ausweglosigkeit Ihrer Situation heraus zu helfen. Zugleich versuchen die Schüler des Kurses ein Antwortschreiben, in dem sie sich viel Mühe geben, die Situation Emilias in einem unfreien, unterdrückten Land zu bedauern, Emilia zu ermutigen und ihr – wenn möglich – Ratschläge zur Konfliktlösung in letzter Minute zukommen zu lassen. Einige der Emilia-Briefe und der Antwortbriefe werden vorgelesen und diskutiert. (Dabei ist der Maßstab der Kritik nicht richtig oder falsch, sondern Glaubwürdigkeit und Vertrautheit der Brieffreundschaft.)	Was im IV. Akt in den hinteren Gemächern zwischen dem Prinzen und Emilia geschieht, darüber lässt uns Lessing bewusst im unklaren. Dennoch ist das, was dort geschieht, von großer Bedeutung für das Verstehen des V. Aktes. Lessing zwingt uns also geradezu zu eigenen Vorstellungen. HA: Emilia hat das ca. eine Stunde dauernde Zusammensein mit dem Prinzen als Tagebucheintrag genauestens beschrieben. Verfassen Sie in der Rolle der Emilia diesen Text.
Gerade bezüglich der Tagebuchtexte werden sehr kontroverse Schilderungen zu diskutieren sein, nicht mit dem Ziel des Ausgleichs, sondern um die Vielfalt der Ansichten zu dokumentieren, die Lessing offensichtlich bewusst provozieren wollte. A 1: Die Eltern Galotti sehen die bestmögliche Zukunft ihrer Tochter in der Ehe mit dem Grafen Appiani mit Wohnort in den **abgeschiedenen Tälern von Piemont.** Stellen Sie sich vor, Emilia hätte diese Lebenschance erhalten und sie wäre jetzt Gräfin Appiani in Piemont. Entwickeln Sie eine für die Eheleute typische Szene in der Abgeschiedenheit der schönen Natur, fern von allen Gefahren der Stadt, der Politik und des Besitzdenkens. Formulieren Sie Dialoge zwischen Appiani und Emilia, verbunden mit Szenenbeschreibungen, Regieanweisungen usw. Berücksichtigen Sie vor allem die Stimmung, die in der Szene zum Ausdruck kommen soll.	Alle Mitwirkenden an der Verhandlung bereiten sich intensiv und ihrer Rolle gemäß darauf vor.

Stunden	Thema	Didaktische Aspekte (Inhalte/Ziele)
3./4.		
5./6.	wie 1. und 2. Std. der alternativen 3. Phase	wie 1. und 2. Std. der alternativen 3. Phase

4. Phase

Stunden	Thema	Didaktische Aspekte (Inhalte/Ziele)
12./13. GK oder 14./15. und 16./17. LK (2 Doppelstunden)	Drama und Dramentheorie	Die Schüler lernen am Beispiel von Lessings *Hamburgischer Dramaturgie* die Beziehungen zwischen Literatur, Literaturprogrammen und Literaturtheorie kennen: Literatur steht nicht isoliert in ihrer jeweiligen Zeit, sondern sie bezieht sich u. a. auf theoretische Entwürfe, in denen die Aufgaben und Ziele und somit ihre jeweiligen Kommunikationsformen bedacht werden. Die jeweiligen Argumente eines solchen literaturtheoretischen Denkens sind höchst unterschiedlich. Lessings Entwurf bezieht sich auf eine Erneuerung des deutschen Dramas und Theaters – weg von den sog. Regeldramen (Gottsched) und den französischen Vorbildern. Sein Orientierungspunkt ist die Poetik des Aristoteles. Die Schüler lernen aber auch, dass die Beziehung zwischen Dramentheorie und Stück nicht linear ist, sondern komplex und teilweise auch widersprüchlich. Die Schüler der Oberstufe lernen sich gegenüber der Unterrichtsform *Vortrag* angemessen zu verhalten (Konzentration, Stichwort-Mitschrift, Ausarbeitung im Vortragsprotokoll (s. auch Anm. 117).

Methodische Realisierung/ Verlauf	Hausaufgabe
Die Übung dient vor allem dem Zweck, das psychologisch höchst komplexe Problem zu erhellen, warum Emilia ausgerechnet am Morgen ihres Hochzeitstages Gefühle für den Prinzen entwickelt, ihr **warmes jugendliches Blut spürt,** wie sie in V 7 rückblickend zusammenfasst. A 2: Ein internationaler Gerichtshof in einem demokratischeren Land hat die Aufgabe die Verbrechen der europäischen Feudalregimes aufzudecken und zu verurteilen. Hier findet ein *EMILIA-GALOTTI*-Prozess statt. Drei Richter leiten die Verhandlung, fällen am Ende das Urteil und begründen es. Die Anklage vertritt ein Staatsanwalt im Namen der Menschenrechte. Wer sind die Angeklagten, mit welchen Argumenten verteidigen sie sich? Wer sind die Zeugen, was haben sie zu berichten? Wie lautet das Urteil? Planen Sie eine solche Gerichtsverhandlung in allen notwendigen Einzelheiten und bestimmen Sie die Rollenträger.	
Durchführung der Verhandlung und Abschlussdiskussion unter dem Aspekt des gerechten oder fragwürdigen Urteilsspruchs. Es liegt im Wesen produktionsorientierter Ansätze, dass die Vorschläge fast unendlich erweiterbar sind. So sei hier abschließend an den Ideenreichtum des Lehrers/der Lehrerin und der Kursteilnehmer/innen appelliert.	

Methodische Realisierung/ Verlauf	Hausaufgabe
SchülerRef: Lessings Arbeit am Nationaltheater in Hamburg: Entstehung der *HAMBURGISCHEN DRAMATURGIE* (Quelle: eine der gängigen Literaturgeschichten in der Schulbibliothek bzw. den öffentlichen Bibliotheken) LV: *HAMBURGISCHE DRAMATURGIE, 32. STÜCK* nach der Textgliederung in Kap. 3.2: die Kriterien des Trauerspiels und seine beabsichtigte Wirkung auf die Zuschauer. Jeder Schüler hat den gegliederten Textausschnitt zur Verfügung, sodass er Lessings Thesen und den Erläuterungen des Lehrers genau folgen kann. Es kommt hier auf jedes Wort an.	GK: Vortragsprotokoll, anzufertigen von allen Schülern LK (schriftlich bzw. als Stichwortliste): Entspricht das Drama den Kriterien des 32. Stücks der *HAMBURIGISCHEN DRAMATURGIE* präzise? Gibt es Brüche, gar Widersprüche?

5. Phase (fakultativ)

Stunden	Thema	Didaktische Aspekte (Inhalte/Ziele)
3 (fakultativ)	Das Drama in der Kritik	– Die Schüler lernen Texte aus der Rezeptionsgeschichte des Dramas kennen. – Sie erfahren dadurch, dass literarische Texte in unterschiedlichen Zeiten je anders verstanden werden, so auch in der Gegenwart der Schüler. – Rezeptionsgeschichte stellt die Verbindung zwischen fern liegenden Texten und der Gegenwart dar. – Kritik ist eine (notwendige) Form des Verstehens von Texten. – Auch in ein und derselben Zeit gibt es unterschiedliche Auffassungen über einen Text (s. bei Lessings Zeitgenossen). – Kritische Stellungnahmen mit ihren Argumenten helfen den Schülern eigene Argumente zu finden.

6. Phase (Stundenanzahl beliebig (LK))

Stunden	Thema	Didaktische Aspekte (Inhalte/Ziele)
	Weiterführende Informationen und Analysen	Vertiefte, wissenschaftspropädeutische Arbeit am Text, seiner Entstehung, seiner Einschätzung unter soziologischen und gattungsspezifischen Gesichtspunkten

Methodische Realisierung/ Verlauf	Hausaufgabe
1. Stunde: Plenumsdiskussion als Übergang von Phase 4 (HA LK): Welche Forderungen aus dem 32. Stück der *Hamburgischen Dramaturgie* treffen auf *Emilia Galotti* zu, welche nicht; steht das Stück überhaupt in einer engen Verbindung zur *Dramaturgie*? (s. dazu neben Kap. 3.2 das gesamte Kap. 4) Danach überleitend *(1 Doppelstunde):* Drei Dokumente aus der *Emilia Galotti*-Kritik beantworten diese Fragen sehr unterschiedlich: M. Claudius, J. Mauvillon, F. Mehring. (Zu Fundstellen und Erläuterungen s. S. 105) Die Texte sind von einzelnen Schülern unter dieser Fragestellung als Hausaufgabe vorbereitet und werden als Schülervorträge eingebracht. Das Plenum diskutiert, zunehmend unabhängig vom Gesichtspunkt Stück – Theorie, über die Rechtmäßigkeit der von den drei Verfassern geäußerten Urteile über das Stück. Die Schüler bringen dabei umfassend und abschließend ihr eigenes Urteil zum Stück ein.	

Methodische Realisierung/ Verlauf	Hausaufgabe
Vorschläge s. S. 105 f. GA bzw. EinzelRefe sind hier zu bevorzugen	

Fortsetzung in einer weiter gefassten Unterrichtsreihe

B. Brecht
Der gute Mensch von Sezuan

↔

B. Brecht
Die offene Dramaturgie des epischen Theaters

4 Klausurvorschläge

Grundkurs

1. Erst in II 6 tritt die Titelfigur Emilia Galotti persönlich auf. Viele Lessing-Kritiker sehen dies als eine Schwäche des Stückes an. Sie auch?
   a) Was bewirkt dieses lange Hinauszögern ihres ersten Auftritts beim Leser/Zuschauer?
   b) Welche Informationen (genau und in der Reihenfolge der Szenen) erhalten wir über Emilia *vor* ihrem ersten Auftritt?
   c) Welches Bild entsteht dadurch in uns von Emilia?
   d) Vergleichen Sie Ihr Emilia-Bild mit deren eigenen Äußerungen und Verhaltensweisen in II 6.
2. I 1 und I 8 sind Schlüsselszenen für die Charakterisierung des Prinzen, die gegensätzlich in ihren Kernaussagen am Anfang und am Ende des ersten Aktes stehen. Charakterisieren Sie den Prinzen unter der Perspektive dieser Gegensätzlichkeit.
3. Der vierte Akt wird der Orsina-Akt genannt. Dieser Akt vor der Katastrophe (V) hat auch die Funktion die gegensätzlichen Standpunkte herauszustellen. Gegenspieler sind die Gräfin Orsina und Marinelli.
   a) Wie beschreiben beide (gegensätzlich) die Situation?
   b) Mit welchen Argumenten und sprachlichen Mitteln versuchen sie welche Ziele zu erreichen?
4. Die Gräfin Orsina ist als Bühnenfigur in traditionellen Inszenierungen meistens dargestellt in der Schablone **hysterisch keifende, verlebt wirkende Frau mit stark geschminktem Gesicht, überladen an Kleidung und Schmuck.**
   a) Entwerfen Sie ein anderes Orsinabild, indem Sie besonders die Funktion beachten, die Orsina erfüllen soll.
   b) Beschreiben Sie diese Funktion. Argumentieren Sie an Textbelegen.
   c) Wie müsste demnach die Bühnenfigur Orsina aussehen und auf der Bühne spielen?

Leistungskurs

1. Drei Spielorte bestimmen das Geschehen in *Emilia Galotti:* Das Stadtschloss (Regierungssitz des Prinzen), das Bürgerhaus der Galotti, Dosalo (Lustschloss des Prinzen). Zusätzlich erwähnt werden **die Täler von Piemont** (Appiani) Sabionetta (Odoardo) und **das Haus der Grimaldi** (V 5/7). Diese Orte stehen als Symbole für ganz bestimmte Handlungsweisen, Verhaltensweisen, Sehnsüchte, Ängste usw. der handelnden Personen. Jede der Dramenfiguren hat so den sie kennzeichnenden Ort.
   a) Bringen Sie diese Orte mit den jeweils ihnen zugehörigen Personen in ein Verhältnis. Charakterisieren Sie den Symbolgehalt dieser Orte.
   b) Erläutern Sie diese These: Emilia, auf dem Wege dem Elternhaus zu entwachsen, hat als Einzige keinen eigenen Ort. Sie steht zwischen allen Orten.

2. Aufgabenstellung wie Grundkurs Aufgabe 2 und zusätzlich: Zeigen Sie gesellschaftskritische Tendenzen in der Gestaltung dieser Figur auf. Berücksichtigen Sie dabei insbesondere den Schluss des Dramas.
3. Matthias Claudius bemängelt in seiner Stückkritik (Abdruck s. Anm. 119) vor allem die Unwahrscheinlichkeit des Schlusses, insbesondere die Unglaubwürdigkeit Emilias, die, gerade vom Tode ihres Verlobten getroffen, von Verführbarkeit redet (V 7).
   a) Erörtern Sie, auch unter Bezug auf das behandelte **Stück** aus der *Hamburgischen Dramaturgie,* das Für und Wider dieser Kritik.
4. Odoardo (V 8) weigert sich durch sein Handeln das Stück **wie eine schale Tragödie zu beschließen.**
   a) Wie sähe der Schluss einer solchen **schalen Tragödie** aus, was wäre die Wirkung beim Zuschauer?
   b) Was beabsichtigt Odoardo mit seinem Entschluss stattdessen, welche Wirkung erhofft er sich davon (auf Stückebene), welche Wirkung hat dieser Schluss auf den Leser/Zuschauer?
5. Der Regisseur Fritz Kortner lässt in seiner berühmt gewordenen Wiener Inszenierung der *Emilia Galotti* von 1970 ausgerechnet die Rota-Szene (I 8) ausfallen.[122]
   a) Welche Absicht kann man dabei dem Regisseur unterstellen und was bewirkt die Streichung für die Stückinterpretation?
   b) Diskutieren Sie die Sinnhaftigkeit eines solchen Vorgehens aus Ihrer Sicht.
6. Nach der Tat erscheinen dazu zwei Zeitungsberichte. Der eine stammt von einem systemhörigen Journalisten aus Guastalla, der *regierungsamtlich* schreibt. Der andere stammt von einem Journalisten einer freien Zeitung in einem demokratischeren Nachbarland. Beide formulieren eine Schlagzeile, stellen die Fakten dar, kommentieren die Vorfälle ausführlich und kommen zu einer Bewertung.
   Schreiben Sie die beiden Zeitungsberichte. Sie haben auch die Möglichkeit dem Bericht ein Foto hinzuzufügen. – Was stellt dieses Foto dar/wen bildet es ab? Beschreiben Sie das Bild.

Anhang

Anmerkungen

1 Kröger, W.: Lessings *Nathan der Weise*. Ein toter Klassiker? München 1980. Neue Auflage innerhalb der Reihe Oldenbourg Interpretationen, München 1988 u. ö.

2 S. dazu die Berichte der Zeitschrift ***Theater heute*** des entsprechenden Jahrgangs.

3 Deutscher Bühnenverein (Hrsg.): Was spielten die Theater? Bilanz der Spielpläne in der Bundesrepublik Deutschland 1947–75. Remagen-Rolandseck 1978, sowie die einschlägigen Periodika für die Folgezeit.

4 Eine konsequente Perspektive wird herausgearbeit bei Beimdick, W.: Theater und Schule. München 1975; Schemme, W.: Das *Tell*-Problem in neuer Sicht. In: Göbel, K. (Hrsg.): Das Drama in der Sekundarstufe. Kronberg 1977. Schemme erarbeitet eine umfangreiche Einzelinterpretation unter solchen Voraussetzungen.

5 Situations- und historische Rezeptionsanalyse gehören also zu einer adäquaten Unterrichtsreflexion hinzu. Nur in ihnen zeigt sich die Entwicklung zum Klassikervorurteil, dem es sich zu stellen gilt. Berg, J. u. a.: Von Lessing bis Kroetz. Kronberg 1975, übersehen in ihrem *Emilia Galotti*-Modell (L. Schwab) dieses Grundproblem, welches in der Didaktik selbst liegt.

6 Diese Charakteristik stammt von Lämmert, E.: Zur Wirkungsgeschichte Eichendorffs in Deutschland. In: Singer, H., Wiese, B. v. (Hrsg.): Festschrift für R. Alewyn. Köln, Graz 1967.

7 Kleinschmidt, G.: Das Drama im literarischen Unterricht der Grund- und Hauptschule. In: Walz, U. (Hrsg.): Literaturunterricht in der Sekundarstufe. Stuttgart 1970.

8 Die Frage der Reduzierung des Dramas auf Kernszenen, also die Möglichkeit der stellvertretenden Behandlung von Dramenausschnitten, beschäftigt hier die Dramendidaktik; sie ist insgesamt eher ablehnend behandelt, schon gar für den SII-Bereich.

9 Robert Minders Kritik am Lesebuch (1953) hat nicht nur für diesen Bereich eine neue Entwicklung vorbereitet, sondern zeitversetzt auch das klassische Drama voll betroffen. Kritikpunkte wie die des antiquarisch-restaurativen Geschichtsbildes, der apolitischen Idylle im Niemandsland der historischen Ferne, der wirklichkeitsirrelevanten Sprache wurden auch zu Kriterien gegen das traditionelle Drama im Unterricht. Die Dramendidaktik hat jedoch sehr entschieden darauf reagiert, indem sie in den Siebzigerjahren besonders das Politisch-soziale, seit 1980 mehr und mehr die handlungsorientierte Schülerrezeption heraus hob.

10 Diese und weitere Problemfelder sind in der Fachliteratur aufgearbeitet, sodass wenigstens die Ursachen in ihrem ganzen Umfang heute bekannt sind. Stellvertretend werden folgende Arbeiten zu diesem Thema genannt: Geißler, R.: Das Drama im Unterricht. In: Wolfrum, E. (Hrsg.): Taschenbuch des Deutschunterrichts. Esslingen 1972, 1. Aufl.; Hein, J.: Dramatische Formen im Unterricht. In: Sowinski, B. (Hrsg.): Fachdidaktik Deutsch. Köln, Wien 1980, 2. überarb. u. erw. Aufl.; Göbel, K.: Das Drama im Unterricht. In: Hinck, W. (Hrsg.): Handbuch des deutschen Dramas. Düsseldorf 1980.

11 Zobel, S. R.: Der Dramentext – ein kommunikatives Handlungsspiel. Göppingen 1975 sowie die hervorragende Übersicht zum wiss. Stand von Pütz, P.: Grundbegriffe zur Interpretation von Dramen. In: Hinck, W. (Hrsg.): Handbuch des deutschen Dramas. Düsseldorf 1980.

12 Auf Schule und Studium bezogene Interpretationsmodelle versuchen der Konfrontation mit dem Klassikproblem – insbesondere der klassischen Dramentheorie – manchmal dadurch zu entgehen, dass sie sich von vornherein erst gar nicht darauf einlassen und aktuellere Perspektiven – besonders sozialgeschichtliche – vorziehen. So z. B. bei Berg, J. u. a. (s. Anm. 5) und in G. E. L.: *Emilia Galotti*, mit Materialien, ausgew. und eingel. von R. Siegle. Stuttgart 1981.

13 S. dazu Geissler, R.: Das Drama im Unterricht. In: Wolfrum, E. (Hrsg.): Taschenbuch des Deutschunterrichts. Esslingen 1972, 362 ff.

14 Die dafür programmatische Stellungnahme stammt von Grünwaldt, H. J.: Sind Klassiker etwa nicht antiquiert? Disk. Deutsch 1 (1970), 1, 16–31.

15 München 1960, vom Verf. jetzt neu thematisiert und erweitert ›an sinnlicher, an ge-

sellschaftlicher und psychologischer Begründung‹ des Dramas in seiner Bestimmung als Theaterstück: Klotz, V.: Dramaturgie des Publikums. München, Wien 1976.

16 Szondi, P.: Theorie des modernen Dramas. Frankfurt a. M. 1956, ed. suhrkamp 27, 16.

17 Wie sehr hier eine Differenzierung notwendig ist, zeigen neuere Ansätze der Brecht-Forschung. Besonders anschaulich und unterrichtspraktikabel ist der Reclam-Sammelband von Hinderer, W. (Hrsg.): Brechts Dramen. Neue Interpretationen. Stuttgart 1984.

18 Die gegenüber diesen Stichworten viel differenziertere Haltung Brechts, wie sie sonst in den *Schriften zum Theater* zum Ausdruck kommt, bleibt in der Didaktik vielfach außer Acht. Insbesondere geht es Brecht nicht in erster Linie um Form und Systematik, sondern um eine Reform des Spielcharakters und um eine »neue Zuschaukunst«, also um dramaturgische Gesichtspunkte in einer veränderten bzw. veränderungsbedürftigen Gesellschaft.

19 In anderen Fächern, etwa den naturwissenschaftlichen, eine längst anerkannte Methode offener Unterrichtskonzeptionen.

20 S. Brecht, B.: Einübung der *Massnahme* in den Anmerkungen zu dem Lehrstück.

21 Verf. hat das im Folgenden skizzierte ›Partiturmodell‹ als Grundprinzip der Dramendidaktik ausführlicher entwickelt in: Göbel, K.: Drama und Theatralität. In.: Göbel, K. (Hrsg.): Das Drama in der Sekundarstufe. Kronberg 1977 sowie Göbel, K.: Das Drama im Unterricht. In: Hinck, W. (Hrsg.): Handbuch des deutschen Dramas. Düsseldorf 1980.

22 Frisch, M.: Der Autor und das Theater (1964). In: Frisch, Max: Öffentlichkeit als Partner. Frankfurt a. M. 1967, ed. suhrkamp 209, 73.

23 A.a.O., 79.

24 Zit. aus Hintze, J.: Ansätze zu einer neuen Klassikerrezeption auf dem Theater der Bundesrepublik. In: H. Sandig (Hrsg.): Klassiker heute. München 1972, 108.

25 P. v. Matt weist nach, dass die Vorstellung von der ›heroischen Perfektion‹ der Klassik aus dem kulturimperialistischen Denken des 19. Jhs. stammt (Stichjahr ist das Schillerjahr 1859). Hier, nicht in der klassischen Epoche selbst, entstand fremdbestimmt jene ideologiebefrachtete klassische Dramenrezeption, zu der sich fast die gesamte moderne Dramatik in Opposition sieht. Matt, P. v.: Das literarische Gespenst ›klassisches Drama‹. In: Merkur 30 (1976), 728 f.

26 Zusammenhang bei Durzak, M.: Poesie und Ratio. Vier Lessing-Studien. Bad Homburg 1970, 69 f.

27 Hinck, W.: Theater der Hoffnung. Von der Aufklärung bis zur Gegenwart. Frankfurt a. M. 1988, suhrkamp tb 1495, 194 u. 7.

28 In Zusammenfassung seiner Arbeiten zur Wirkungsgeschichte Lessings stellt H. Steinmetz zu unserem Thema fest: ›Bei der Deutung der *Emilia Galotti* etwa bereiten den Heutigen dieselben Probleme Schwierigkeiten, die schon die Zeitgenossen diskutiert haben‹. Steinmetz, H. (Hrsg.): Lessing – ein unpoetischer Dichter. Dokumente aus drei Jahrhunderten zur Wirkungsgeschichte Lessings in Deutschland. Frankfurt a. M., Bonn 1969, 13.

29 Zit. bei Steinmetz (s. Anm. 28), 78; s. hier und ff. auch das Reclam-Materialienheft.

30 Goethe 1812, nach Riemers Mitteilungen; zit. bei Steinmetz, 230 f.

31 Goethe 1827, nach Eckermanns Gesprächen; zit. bei Steinmetz, 254.

32 Goethe 1830, an Zelter; zit. bei Steinmetz, 257 f.

33 J. J. Eschenburg, Shakespeare-Übers. und Literaturhistoriker, Mithrsg. der ersten Lessing-Gesamtausg., Rez. unmittelbar nach der Braunschweiger Uraufführung, März 1772; zit. bei Steinmetz, 79 f.

34 S. Steinmetz, 80 f.

35 Claudius, M.: Der Wandsbecker Bothe. 15. April 1772 (später in der Werkausg. überarbeitet); zit. bei Steinmetz, 88 f.

36 Zit. bei Steinmetz, 96 f.

37 So z. B. Chr. H. Schmid (s. Anm. 38).

38 So stellt selbst Chr. H. Schmid, sonst Anhänger von Lessings Widersacher Klotz (Laokoon-Disput), sich geradezu schwärmend auf Lessings Seite. An den Gothaer Archivar Gotter: Über einige Schönheiten der *Emilia Galotti*, 1775, s. Steinmetz 99 f., 522.

39 Schlegel, Friedrich: Über Lessing. In: Lyceum der schönen Künste, 1797, zit. bei Steinmetz, 181 f.

40 Bei Herder, u. a. in der berühmten Weimarer Schulrede von 1796, kommt der Gedanke der Nationalerziehung durch ausgewählte Literatur (u. a. auch Lessing) hinzu; s. Franck, H. J.: Geschichte des Deutschunterrichts. München 1973, 293 f.

41 Franck, 299.

42 Hiecke, R. H.: Der deutsche Unterricht auf deutschen Gymnasien (1841). Leipzig 1872, 78.

43 Hotho, H. G.: Vorstudien für Leben und Kunst, 1835. Zit. bei Steinmetz, 270 f.

44 Zit. bei Steinmetz, 286.

45 Berthold Auerbach (1812–1882) war sehr einflussreich im literarischen Leben seiner Zeit. Seine Dorfgeschichten und volkstüm-

lichen Romane erreichten weltweit hohe Auflagen.

46 Auerbach, B.: Dramatische Eindrücke, s. Steinmetz, 369.

47 Brecht, B.: *Der gute Mensch von Sezuan*, 10. Bild (Gerichtslokal), Shen Te an die Götter: »Euer einstiger Befehl/Gut zu sein und doch zu leben/Zerriss mich wie ein Blitz in zwei Hälften«. Shen Te scheitert an der Aufgabe zu widerlegen, »dass es für die Guten auf unserer Erde nicht mehr zu leben ist« (1. Zwischenspiel).

48 Mehring, F.: Die Lessing-Legende. Stuttgart 1893, 349 u. 352.

49 Dühring, E.: Die Judenfrage als Frage der Racenschädlichkeit für Existenz, Sitte und Cultus der Völker. (1881) Zit. bei Steinmetz, 391 f.

50 S. dazu Herrlitz, H. G.: Der Lektüre-Kanon des Deutschunterrichts im Gymnasium. Heidelberg 1964, 136 f.

51 Die Berliner Auseinandersetzung wird ausführlich dargestellt bei Franck, H. J. (s. Anm. 40), 729 ff.

52 Schönbrunn, W.: Die Not des Literaturunterrichts in der großstädtischen Schule. In: Die Erziehung (1929), 255.

53 Zit. bei Steinmnetz, 452 f.

54 Schönbrunn, s. o., 254.

55 Schönbrunn, s. o., 257.

56 Schönbrunns These ist hier auf die Gegenwart übertragen. Das Zitat ist einzuordnen in die Abhandlung von Neumann, H. P.: Der Preis der Mündigkeit. Über Lessings Dramen. Anhang: Über Fanny Hill. Stuttgart 1977, hier 49.

57 Zitate von Rosenthal, G.: Lessing in der höheren Schule sowie: Kultur und Erziehung im DU. In: Die Erziehung (1929), 338 u. 638. Den grundlegenden Beitrag zum Ausgleich von Klassik und Gegenwart unter dem methodisch kennzeichnenden Blickpunkt »Dichtung als Urformen des Daseins‹ liefert der Germanist Neumann, F.: Schule und Leben im Literaturunterricht. In: Die Erziehung (1929), 443 ff.

58 Behr, S. K.: Gymnasialer Deutschunterricht in der Weimarer Republik und im Dritten Reich. Eine empirische Untersuchung unter ideologiekritischem Aspekt. Weinheim, Basel 1980, hier 214 f. Das Buch gibt eine Fülle differenzierter Daten zum Schicksal der E. G. im Nationalsozialismus.

59 Behr, S. K.: s. Anm. 58, 215.

60 Günther, A. E.: Die dramatische Dichtung des 19. Jhs. im politischen Deutschunterricht 1933; s. Franck (Anm. 40), 887 und Behr (Anm. 58), 215.

61 Fricke, G.: Zur Interpretation des dichterischen Kunstwerkes. Zeitschrift für Deutschkunde 52 (1939), 343.

62 Zeitschrift für deutsche Bildung 12 (1936), 25.

63 Böhme, L.: Über das Verständnis von Dichtungen vom Gegenwartsleben her, 1944; zit. bei Franck (Anm. 40), 896 ff.

64 Zit. bei Durzak, M.: Poesie und Ratio. Vier Lessing-Studien. Bad Homburg 1970, 69.

65 Kesten, H: G. E. Lessing: Ein deutscher Moralist, 1960; zit. bei Steinmetz, 478.

66 Stahl, E. L.: Lessing, *Emilia Galotti*. In: Wiese, B. v. (Hrsg.): Das deutsche Drama. Bd. 1. Düsseldorf 1958, 104, 113.

67 Fingerhut, K.: Kanon und kultursoziologisches Orientierungswissen im Literaturunterricht. Mit einem Blick auf Deutungen der *Emilia Galotti*. In: Diskussion Deutsch 1995, H. 142, 86 ff. und Scheller, I.. Basisartikel (und) G. E. Lessings *Emilia Galotti*. In: Praxis Deutsch 136 (1996), 22 ff. und 67 ff.

68 Hippe, R.: Erläuterungen zu Lessings *Emilia Galotti*. Königs Erl. u. Mat. 16. Hollfeld 1980, 17. erw. Aufl., dieselbe These bei H. H. H[enschen]: Emilia Galotti. In: Kindlers Literatur Lexikon. Bd. 8. München 1974, 3078.

69 Das 32. Stück wird zitiert nach G. E. L.: Hamburgische Dramaturgie. Krit. durchges. Gesamtaus. Mit Einl. und Kommentar von O. Mann. Stuttgart 1963, Kröners Taschenausg. 267; dazu Wölfel, K.: Moralische Anstalt. Zur Dramaturgie von Gottsched bis Lessing. In: Grimm, R. (Hrsg.): Deutsche Dramentheorien. Bd. 1. Frankfurt a. M. 1971, 45 ff.; dazu Barner, W. u. a.: Lessing, Epoche – Werk – Wirkung. München 1981, 4. Aufl.

70 Barner u. a. sind im Unrecht, wenn sie in Bezug auf Katharsis den Schluss ziehen: »Wie die behauptete ›Verwandlung‹ und ihr Ergebnis, die ›tugendhaften Fertigkeiten‹, aber konkret aussehen sollen, bleibt offen« (191). Gerade angesichts der Theaterdiskussion lässt sich die Intention ›politisch gesellschaftliche Kompetenzbildung‹ über das ganze Jh. verfolgen (z. B. an der ›Geschmacks‹-Erörterung).

71 Schings, H.-J.: Der mitleidigste Mensch ist der beste Mensch. Poetik des Mitleids von Lessing bis Büchner. München 1980.

72 S. Hinck, W.: Georg Büchner. In: Wiese, B. v. (Hrsg.): Deutsche Dichter des 19. Jhs. Ihr Leben und ihr Werk. Berlin 1969, 200 ff.

73 Die Interpretationshinweise sind z. T. beeinflusst von den Ergebnissen bei Schulte-Sasse, J.: Literarische Struktur und historisch-sozialer Kontext. Zum Beispiel Lessings *Emilia Galotti*. Paderborn 1975; ebenso von Durzak, M.: Poesie und Ratio. Vier Lessing-Studien. Bad Homburg 1970.

Eine gute Auswahl an vielfältig anderen Zugängen zur Lessing-Interpretation bieten Bauer, G. u. S. (Hrsg.): Gotthold Ephraim Lessing. Darmstadt 1968, s. auch Barner u. a. (s. Anm. 69), 194 ff.

74 Soweit nicht anders vermerkt, ist für dieses Kapitel Grundlage die ausgezeichnete Materialsammlung in: Müller, J.-D.: Erläuterungen und Dokumente. G. E. Lessing, Emilia Galotti. Stuttgart 1971, RUB 8111.

75 S. hier und folgend Müller, J.-D. (Anm. 74), 44 ff.

76 Die Quellen sind bei Müller an verschiedenen Stellen abgedruckt: 50, 58.

77 Schulte-Sasse (s. Anm. 73) geht nach meiner Kenntnis am konsequentesten den Weg den Widerspruch in der Figur des Prinzen voll zu akzeptieren und als eine vom Autor bewusst intendierte Bruchstelle des Dramas zwischen Harmonisierung der Stände (1. Teil) und Rückfall in den Klassenantagonismus (2. Teil) zu begreifen.

78 Original lat., übers. v. Müller, s. Anm. 74.

79 Schulte-Sasse (s. Anm. 73), 66 ff.; Rez. v. Mauvillon, s. Steinmetz, 93 ff. und unseren Ausschnitt zum Thema ›Rezeptionsgeschichte‹.

80 J. Frh. v. Sonnenfels (1732–1817) war Schriftsteller und Politiker. Er erreichte die Abschaffung der Tortur in Österreich; im Theater sah er den gesellschaftlichen Ort für einen harmonischen Ausgleich der Standesgegensätze zum Zwecke einer ›sanftmuthvollen Regierung‹ nach dem privaten Muster der Familienführung durch den Vater.

81 Das wird vielfach nicht deutlich genug gesehen, insbesondere Kursmodelle für die gymn. Oberstufe und das germ. Grundstudium differenzieren oft zu wenig, wenn sie die betr. Dramatik linear als sozialgeschichtliches Vehikel vom 18. Jh. bis heute funktionalisieren.

82 J.-D. Müller dokumentiert im Reclam-Materialienheft (RUB 8111) die zeitgenössische Diskussion dazu in sehr anschaulicher Weise (91 ff.).

83 Eibl, K.: G. E. Lessing, *Miss Sara Sampson*. Ein bürgerliches Trauerspiel. Commentatio Bd. II. Frankfurt 1971, 139, und 140 f.; das Buch vereint Text, Analyse und Materialien als hervorragende Grundlage auch für den Oberstufenunterricht.

84 Guthke, K. S.: Das bürgerliche Drama (s. Anm. 90), 81 f. in Anlehnung an Lessings Briefwechsel mit Nicolai, hier: Nov. 1756.

85 Lessing in der Vorrede zur deutschen Ausg. von James Thomsons Trauerspielen (1756).

86 So noch 1779 A. L. v. Schlözer, zit. bei Schulte-Sasse (s. Anm. 73), 68.

87 S. Anm. 73, 68.

88 S. Anm. 73, 74.

89 S. Anm. 90, 87.

90 Die Vorstellung vom offenen Schluss der *Emilia Galotti* taucht in der neueren Lessing-Forschung – ausgesprochen oder angedeutet – wieder häufiger auf, z. B. bei Guthke, K. S.: Das bürgerliche Drama des 18. und frühen 19. Jhs. und bei Barner, W.: Lessing als Dramatiker, beide in: Hinck, W.: Handbuch des deutschen Dramas. Düsseldorf 1980. Die Dramendidaktik hat diesen Aspekt aus dargelegten Gründen bislang nicht zur Kenntnis genommen.

91 In: DDU 4 (1952), 2, 28 ff.

92 Göppingen 1975.

93 Genauer beschrieben bei Szondi, P.: Theorie des modernen Dramas. Frankfurt a. M. 1956, pass.

94 Fischer, W. in einer Materialiensammlung für den Schulgebrauch: G. E. Lessing, *Emilia Galotti*, Grundlagen und Gedanken zum Verständnis des Dramas. Frankfurt a. M. 1976, 1. Aufl., 73.

95 Stellvertretend sei K. S. Guthke (s. Anm. 90) zitiert: ›Lessings *bürgerliche Virginia* gehört vielleicht eben deswegen zu den wenigen noch heute lebendigen Dramen des 18. Jahrhunderts, weil sie mehr Fragen stellt als beantwortet‹. – Sie ist in ihrer Botschaft am Schluss ›alles andere als eine unmißverständliche Reveille‹ (88). S. auch W. Hinck, 1988 (s. Anm. 27): Über die Widersprüchlichkeiten in der *Emilia Galotti* täuschen selbst die ausgeklügeltsten Interpretationen nicht hinweg (16).

96 Die folgende Zusammenfassung ist vielerlei Erkenntnissen in der bereits bibliografierten Lessingforschung verpflichtet. Auf sie wird – ohne konsequente Nennung der jeweiligen Quellen – im Ganzen verwiesen. Zusätzlich sei genannt der unentbehrliche Forschungsbericht von Guthke, K. S.: Der Stand der Lessing-Forschung (1932–62). Stuttgart 1965.

97 Rempel, H.: Tragödie und Komödie im dramatischen Schaffen Lessings, 1935. Unveränd. Repro-Nachdruck. Darmstadt 1967, 102, 104.

98 Friess, U.: Verführung ist die wahre Gewalt. Zur Politisierung eines dramatischen Motives in Lessings bürgerlichen Trauerspielen. In: Jb. der Jean-Paul-Gesellschaft (1971), 102 ff., hier 128 f.

99 Der Begriff stammt von Hinck, W.: Die Dramaturgie des späten Brecht. Göttingen 1959, 1. Aufl. ›Offene Dramaturgie‹ ist unterschieden von dem Terminus ›offene Form‹ (Klotz) und dem Begriff von Drama bei Szondi, indem der Spielcharakter des

Dramas und die grundsätzliche Differenz zur Realität im Spielentwurf des Dramas hier besonders betont werden. Hincks Bezeichnung ist deswegen die präzisere Formulierung des gattungsspezifischen Phänomens.

100 Wir klammern die Genieproblematik und Lessings Position dazu aus.

101 Geißler, R.: Arbeit am literarischen Kanon. Perspektiven der Bürgerlichkeit. Paderborn 1982, 74.

102 Wierlacher, A.: Das Haus der Freude oder Warum stirbt Emilia Galotti. In: Lessing Yearbook V (1973), 147 ff.

103 Das *Buch Sirach* wird nach der Canstein-Bibel zitiert, rev. Luthertext 1964/75. Stuttgart 1978.

104 Wierlacher (s. Anm. 102), 158 f.

105 S. Neumann, P. H.: Der Preis der Mündigkeit. Über Lessings Dramen. Stuttgart 1977, 49.

106 Schon Shakespeare gebraucht das Motiv als galante Floskel in *Was ihr wollt:* ›Denn Mädchen sind wie Rosen, kaum entfaltet,/ ist ihre holde Blüte schon veraltet.‹ (II 4)

107 Die Theodizeefrage wirkt eher aufgesetzt und bleibt offen, s. Guthke, K. S. (Anm. 90), 88.

108 Unbek. Verf., in: Neue Zeitungen von Gelehrten Sachen. Leipzig 1772. Zit bei Steinmetz (Anm. 28), 92.

109 Angesichts der in der Wissenschaft höchst komplizierten Definitionsversuche (s. Kap. 1.3) halten wir uns hier an Walter Hincks Begriffsbeschreibung in: Hinck, W.: Das moderne Drama in Deutschland. Göttingen 1973, 11–13. Dieses kurze Kapitel kann auch in den Unterricht als Textgrundlage eingebracht werden. Im Übrigen bietet der Buchmarkt eine Fülle von einführenden Werken zur Dramenanalyse an, ebenso die Schulbuchverlage in entsprechenden Arbeitsbüchern für die Oberstufe. – S. auch v. Wieses viel beachteten Beschreibungsversuch: Das Drama als Gespräch und Handlung, referiert in Kap. 3.6.

110 Die *Poetik* liegt vor bei Reclam, RUB 2337, RUB 7828 (zweisprachig); Auszüge in der Reihe ***Arbeitstexte für den Unterricht***: Theorie des Dramas, RUB 9503, Poetik 5,6 (mit der Wesensbestimmung des Dramas) häufig auch in den lit. Arbeitsbüchern für die Oberstufe. Die Bedeutung der Poetik des Aristoteles im Zusammenhang mit den Grundbegriffen des Dramas überhaupt stellt in sehr anschaulicher Form P. Pütz dar: Pütz, P.: Grundbegriffe der Interpretation von Dramen. In: Hinck, W. (Hrsg.): Handbuch des deutschen Dramas. Düsseldorf 1980, 11 ff. (Das Buch befindet sich häufig in Lehrerbibliotheken.)

111 Zu Brecht liegt eine Fülle von Textgrundlagen für den Unterricht vor, fast immer auch in den Lesebüchern/Arbeitsbüchern, sofern sie gattungsorientierte Schwerpunkte haben, ferner RUB 9503 (s. Anm. 110). Umfassender Bezugstext Brecht, B.: Schriften zum Theater. Werkausgabe der ed. suhrkamp, Bd. 15, s. auch Brechts berühmte Gegenüberstellung aus dem *Mahagonny*-Anhang (s. Kap. 1.4 dieser Arbeit).

112 Die gesamte Diskussion um das Drama (Konzeption, Form, Wirkung, Rezeption, Geschichte) wird in der Literatur immer wieder in Orientierung an dieser Trias aufgerollt. Das ist in der Dramenforschung zwar mehr und mehr zu einem Problem geworden, eignet sich dennoch für die begrenzte Zeit einer Unterrichtsreihe, wo das Drama gattungstypologisch zum ersten Mal im Zusammenhang vorgestellt wird. Es liegt nahe, dass das Verhältnis zwischen aristotelischem (geschlossenem) und epischem (offenem) Drama in den Mittelpunkt des Unterrichts rückt. Hier wäre aus Sachgründen wünschenswert daraus keinen Gegensatz mit vorschneller Wertung zu konstruieren, sondern die Unterschiede als variierende Spielformen des Dramatischen in seiner Geschichte duldsamer zu begreifen und vorzustellen (s. Kap. 1 dieser Arbeit).

113 Immer mehr Schulen verfügen inzwischen über computergestützte Textverarbeitungssysteme. Eigene Proben haben ergeben, dass die Herstellung von Szenarien in Tabellenform einschließlich der Vervielfältigung mithilfe des PC erleichtert wird. Dort, wo die Schule über die technischen Voraussetzungen verfügt, sollte auch der Deutschunterricht von den Vorteilen profitieren.

114 Sofern der Leser unserer nun mehrfach erläuterten Sichtweise des Dramas im Grundsätzlichen zustimmt (s. dazu auch Anm. 73).

115 Das Tafelbild in der Sekundarstufe II ist nicht gering zu schätzen. Indem es nicht rein illustrierend, sondern als text-grafische Dokumentation komplizierter Zusammenhänge eingesetzt wird, erfüllt es u. a. auch wissenschaftspropädeutische Funktionen.

116 Waldmann, G.: Grundzüge von Theorie und Praxis eines produktionsorientierten Literaturunterrichts. In: Hopster, N.: Handbuch Deutsch, Sekundarstufe I. Paderborn usw. 1984, 98 ff. sowie in mehreren Folgearbeiten des Autors.

[117] Der Lehrervortrag ist in der unterrichtsmethodischen Diskussion mehrfach in Verruf geraten. Die Argumente sind nicht stichhaltig: Schüler der SII werden über die Schule hinaus häufiger mit Lernsituationen konfrontiert, die auf Vortragsebene organisiert sind (und dies keineswegs nur an Hochschulen).

[118] Das Reclam-Heft zu *Emilia Galotti* von J.-D. Müller (Erläuterungen und Dokumente, RUB 8111) enthält eine Vielzahl weiterer Dokumente zur Kritik an Lessings Drama, sodass der Lehrer nach eigenen Maßstäben und eigener Zeitplanung eine Fülle von Materialien zur Verfügung hat um ggf. einen gesonderten Schwerpunkt ›Rezeptionsgeschichte und Kritik‹ in die Unterrichtseinheit einzugliedern.

[119] Claudius Rez. in Kap. 2.1 und RUB 8111, 61 f. (s. Anm. 118), Mauvillon in Kap. 2.1, Mehring in Kap. 2.4 und in RUB 8111, 82 ff.

[120] Der RUB-Band: Lessings Dramen, Interpretationen (8411) enthält eine sehr anschauliche Emilia Galotti-Analyse von H. Steinmetz. Der Lehrer sollte für den Leistungskurs prüfen, ob er die Analyse (ggf. Auszüge) zusätzlich in den Unterricht einbringen kann.

[121] S. dazu die ausführlichen Quellendokumentationen bei J. -D. Müller, RUB 8111 (s. Anm. 118), 27 ff.

[122] Rez. von Ivan Nagel zu dieser Aufführung, s. Kap. 1.5.

Literaturverzeichnis (ergänzend)

Die bereits im Anmerkungsverzeichnis aufgelistete Sekundärliteratur wird im Folgenden nicht noch einmal aufgeführt.

Textausgaben

Lessing, G. E.: *Emilia Galotti*. RUB 45 (dazu: G. E. L.: *Emilia Galotti*. Erläuterungen und Dokumente. Hrsg.v. J.-D. Müller. RUB 8111; dazu: Die deutsche Literatur in Text und Darstellung. Rokoko und Aufklärung. Hrsg. v. O. F. Best. RUB 9617). S auch G. E. Lessing: *Emilia Galotti*, Reclams Lehrpraktische Analysen. Folge 60. Stuttgart 1984

G. E. Lessing: *Emilia Galotti*. Text- und Arbeitsbuch von Ingrid Nixdorf. Literatur und Methode. Frankfurt 1980

G. E. Lessing: *Emilia Galotti*. Mit Materialien hrsg. v. R. Siegle. Editionen für den Literaturunterricht. Stuttgart 1981 (dazu Siegle, R.: Stundenblätter *Emilia Galotti*. Stuttgart 1981)

G. E. Lessing: *Emilia Galotti*. Text und Materialien. Hrsg. von B. Schurf. Düsseldorf 1986

G. E. Lessing: *Emilia Galotti*. Oldenbourg Textausgaben, München: Oldenbourg Schulbuchverlag 2009

Sekundärliteratur

Barner, W. u. a.: Lessing, Epoche – Werk – Wirkung. München 1981, 4. Aufl., 174 ff.

Barner, W.: Lessing als Dramatiker. In: Hinck, W. (Hrsg.): Handbuch des deutschen Dramas. Düsseldorf 1980, 106 ff.

Bauer, G.: G. E. Lessing: *Emilia Galotti*. München 1987, UTB 1433.

Bauer, G. u. S. (Hrsg.): G. E. Lessing. Darmstadt 1968, bes. 214 ff. u. 362 ff.

Brock-Sulzer, E.: G. E. Lessing. Friedrichs Dramatiker der Weltliteratur 11. Velber 1967.

Drews, W.: G. E. Lessing in Selbstdarstellungen und Bilddokumenten. Reinbek 1962, rm 75.

Dürrenmatt, F.: Macht und Verführung oder die Macht der Verführung. Zu Lessings *Emilia Galotti*. In: Dürrenmatt, F.: Theater. Essays und Reden. Zürich 1980, 223 ff.

Durzak, M.: Zu Gotthold Ephraim Lessing. Poesie im bürgerlichen Zeitalter. Stuttgart 1984, (LGW-Interpretationen 67).

Fiek, M.: Verworrene Perzeptionen. Lessings *Emilia Galotti*. In: Schiller-Jahrbuch 37 (1993), 139 ff.

Fischer, W.: Grundlagen und Gedanken zum Verständnis des Dramas: G. F. Lessing, *Emilia Galotti*. Frankfurt 1976, 4. Aufl.

Geißler, R.: Arbeit am literarischen Kanon, Perspektiven der Bürgerlichkeit. Paderborn 1982, 73 ff.

Graf, G.: Sprechakt und Dialoganalyse: Methodenansatz zur externen Drameninterpretation; darg. an

Lessings Trauerspiel *Emilia Galotti* und seinem sozialgeschichtlichen Kontext ›Bürgerliche Familie‹. In: Wirkendes Wort 42 (1992) H. 2, 315 ff.

Graf, G.: Verhören und Überreden: zur Analyse der Szene V 7 aus *Emilia Galotti;* ein sprachpragmatischer Interpretationsansatz im Literaturunterricht. In: Diskussion Deutsch 24 (1993), H. 131, 239 ff.

Greis, J.: Drama Liebe. Zur Entstehungsgeschichte der modernen Liebe im Drama des 18. Jahrhunderts. Stuttgart 1991.

Guthke, K. S.: G. E. Lessing. Stuttgart 1979, 3. Aufl., Sammlung Metzler 65.

–: Das deutsche bürgerliche Trauerspiel. 5., überarb. und erw. Aufl., Stuttgart 1994.

Hinck, W.: Theater der Hoffnung. Von der Aufklärung bis zur Gegenwart. Frankfurt a. M. 1988, suhrk. tb. 1495.

Jacobs, J.: Lessing. München, Zürich 1986.

Kopfermann, T.: Bürgerliches Selbstverständnis [zu Lenz: *Der Hofmeister*, Lessing: *Emilia Galotti*, Schiller: *Kabale und Liebe*]. Stuttgart 1988.

Kublitz, M.: Markierungen des weiblichen Sprechens. Eine feministische Lesart der *Emilia Galotti.* In: Diskussion Deutsch 29 (1989) H. 105, 4 ff.

Mauser, W. und G. Saße, (Hrsg.): Streitkultur: Strategien des Überzeugens im Werk Lessings. Tübingen 1993.

Mönch, C.: Abschrecken oder Mitleiden. Das deutsche bürgerliche Trauerspiel im 18. Jahrhundert. Versuch einer Typologie. Tübingen 1993.

Nolting, W.: Die Dialektik der Empfindung. Lessings Trauerspiele *Miss Sara Sampson* und *Emilia Galotti.* Wiesbaden, Stuttgart 1986.

Prutti, B.: Das Bild des Weiblichen und die Phantasie des Künstlers: das Begehren des Prinzen in Lessings *Emilia Galotti.* In: Zeitschrift für Deutsche Philologie 110 (1991) H. 4, 481 ff.

Pütz, P.: Die Leistung der Form: Lessings Dramen. Frankfurt a. M. 1986.

van Rinsum, A. u. W.: G. E. Lessing, *Emilia Galotti.* In: van Rinsum: Interpretationen, Dramen. München 1978.

Sanna, S.: Lessings *Emilia Galotti.* Die Figuren des Dramas im Spannungsfeld von Moral und Politik. Tübingen 1988.

Saße, G.: Die aufgeklärte Familie. Untersuchungen zur Genese, Funktion und Realitätsbezogenheit des familialen Wertsystems im Drama der Aufklärung. Tübingen 1988.

Scheuer, H.: Theater der Verstellung. Lessings *Emilia Galotti* und Schillers *Kabale und Liebe.* In: Der Deutschunterricht 43 (1991) H. 6, 58 ff.

–: Väter und Töchter. Konfliktmodelle im Familiendrama des 18. und 19. Jahrhunderts. In: Der Deutschunterricht 46 (1994), H. 1, 18 ff.

Schulte-Sasse, J.: Literarische Struktur und historisch-sozialer Kontext. Zum Beispiel Lessings *Emilia Galotti.* Paderborn 1975.

Schwab, E.: G. E. Lessing, *Emilia Galotti.* In: Berg, J., u. a.: Von Lessing bis Kroetz. Einführung in die Dramenanalyse. Kronberg 1975, 11 ff. u. 231 ff.

Sichelschmidt, G.: Lessing. Der Mann und sein Werk. Düsseldorf 1989.

Stahl, F. L.: Lessing, *Emilia Galotti.* In: Wiese, B. v. (Hrsg.): Das deutsche Drama. Bd. 1. Düsseldorf 1958, 101 ff.

Steinhauer, H.: Die Schuld der Emilia Galotti. In: Schillemeit, J. (Hrsg.): Interpretationen 2: Deutsche Dramen von Gryphius bis Brecht. Frankfurt a. M. 1969, 49 ff., Fischer Bücherei 699.

Steinmetz, H.: Emilia Galotti. In: Lessings Dramen. Interpretationen. Stuttgart 1987, RUB 8411, 87 ff.

Stephan, J.: So ist die Tugend ein Gespenst. Frauenbild und Tugendbegriff im bürgerlichen Trauerspiel bei Lessing und Schiller. In: Lessing Yearbook 17 (1985), 1 ff.

Ter Nedden, G.: Lessings Trauerspiele. Der Ursprung des modernen Dramas aus dem Geist der Kritik. Stuttgart 1986.

Vonhausen, A. J.: Rolle und Individualität. Zur Funktion der Familie in Lessings Dramen. Bern u. a. 1993.

Wiese, B. v.: Die deutsche Tragödie von Lessing bis Hebbel. Hamburg 1958, 4. Aufl.

Zeittafel zu Leben und Werk

1729 Gotthold Ephraim Lessing, geboren am 22. Januar in Kamenz (Lausitz). Die Eltern: der lutherische Pfarrer Johann Gottfried Lessing und Justine Salome Lessing. Ausbildung durch Hausunterricht beim Vater, dann Lateinschule in Kamenz

1741 Weiterbildung an der Fürstenschule St. Afra in Meißen

1746 Theologiestudent in Leipzig. Erste anakreontische Gedichte. Beschäftigung mit Theater und Theaterkunst: Gottsched, Theatertruppe von C. Neuber. Erste Lustspiele. Medizinstudium in Wittenberg

1748 Erfolg des *JUNGEN GELEHRTEN* in Leipzig. Übersiedlung nach Berlin. Freier Mitarbeiter der Vossischen Zeitung. Lustspiele *DIE JUDEN, DER FREIGEIST.* Studienabschluss in Wittenberg. Zusammentreffen mit Voltaire am Berliner Hof

1755 In Hamburg: Treffen mit Klopstock. Briefwechsel mit Moses Mendelsohn und Friedrich Nicolai: *BRIEFE, DIE NEUESTE LITERATUR BETREFFEND*

1760 Lessing als Sekretär des Generals v. Tauentzien in Breslau (Garnisonsstadt)

1767 Übersiedlung nach Hamburg. Stelle des hauseigenen Kritikers und Dramaturgen am Nationaltheater

1770 Im Dienste des Herzogs von Braunschweig als Leiter der höchst anerkannten Bibliothek in Wolfenbüttel

1771 Verlobung mit Eva König, der Witwe eines Freundes aus der Hamburger Zeit

1775 Italienreise mit dem Braunschweiger Prinzen Leopold

1776 Heirat mit Eva König

1777 Geburt eines Sohnes. Er stirbt am ersten Lebenstag

1778 Im Januar stirbt Lessings Frau. Streit mit dem Hamburger Pastor Goeze um die Orthodoxie in der herrschenden Theologie. Lessing (gegen den orthodoxen Standpunkt) erhält Rede- und Publikationsverbot von seinem Herzog

1781 Im Alter von 52 Jahren am 15. Februar in Braunschweig gestorben

Dramen

1748 *DER JUNGE GELEHRTE*

1755 *MISS SARA SAMPSON*

1759 *PHILOTAS*

1767 *MINNA V. BARNHELM ODER DAS SOLDATENGLÜCK*

1772 *EMILIA GALOTTI*

1779 *NATHAN DER WEISE*

Fabeln

1753 Fabeln und Erzählungen

1759 *Fabeln:* Drei Bücher nach den Mustern des Äsop

Schriften

1759–1765 *Briefe, die neueste Literatur betreffend*

1766 *Laokoon oder Über die Grenzen der Malerei und Poesie*

1767–1769 *Hamburgische Dramaturgie*

1769 *Wie die Alten den Tod gebildet*

1778 *Anti-Goeze. Theologische Kampfschriften*

1778/1780 *Ernst und Falk. Gespräche für Freimaurer*

1780 *Die Erziehung des Menschengeschlechts*